暨南金融文库·博士论丛
主编 王 聪 副主编 蒋 海 黎平海

我国上市公司关联交易与盈余管理的实证研究

高 洁 著

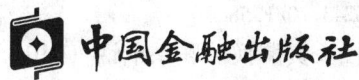
中国金融出版社

责任编辑：戴早红
责任校对：刘　明
责任印制：程　颖

图书在版编目（CIP）数据

我国上市公司关联交易与盈余管理的实证研究（Woguo Shangshi Gongsi Guanlian Jiaoyi yu Yingyu Guanli de Shizheng Yanjiu）/高洁著. —北京：中国金融出版社，2012.4
（暨南金融文库·博士论丛）
ISBN 978 - 7 - 5049 - 6243 - 0

Ⅰ.①我…　Ⅱ.①高…　Ⅲ.①上市公司—经济关系—研究—中国②上市公司—企业利润—研究—中国　Ⅳ.①F279.246

中国版本图书馆 CIP 数据核字（2012）第 007175 号

出版
发行　中国金融出版社
社址　北京市丰台区益泽路 2 号
市场开发部　（010）63266347，63805472，63439533（传真）
网上书店　http://www.chinafph.com
　　　　　（010）63286832，63365686（传真）
读者服务部　（010）66070833，62568380
邮编　100071
经销　新华书店
印刷　北京市松源印刷有限公司
尺寸　170 毫米 × 228 毫米
印张　9
字数　134 千
版次　2012 年 4 月第 1 版
印次　2012 年 4 月第 1 次印刷
定价　22.00 元
ISBN 978 - 7 - 5049 - 6243 - 0/F.5803
如出现印装错误本社负责调换　联系电话（010）63263947

暨南大学金融研究所和
金融系经费资助

序

金融作为现代经济运行的神经中枢，其体系结构及运行质量对一国经济发展和居民生活的影响越来越重要。相应地，金融学作为经济学科桂冠上一颗最耀眼的明珠，已经成为上至国家领袖、下至平民百姓的必修课程。

中国在迈向市场经济的进程中，面临着经济体制的转轨和发展模式的转型，金融体制的改革与发展成为这个过程中重要的核心环节。这既需要我们认识并顺应经济系统和金融体系的演进理性，又需要决策者的调控与规制建设。全方位、多层次的问题摆在我们面前，其广度，其深度，其复杂性，远比发达经济体成长过程中所经历的要深刻。

成立于1906年的暨南大学是中国最高华侨学府。始有暨大，便有商科。1918年，应南洋华侨的需要，暨南大学开设商科。马寅初、王亚南等经济学家曾先后执教于此。1958年暨南大学在广州重建，汇集蔡馥生、赵元浩、黄德鸿、张元元等一批在经济学和金融学界颇有名望的专家学者。

伴随着中国的改革开放，依托地缘优势和侨校优势，暨南大学的金融学科不断成长、不断壮大。暨南大学金融学科点历史悠久，其前身是1925年创办的银行理财学。1978年暨南大学复办后即受香港中国银行集团委托在国内率先开办了国际金融专业，并于1979年开始招收本科生，此后又陆续设置货币银行学专业、证券投资学专业、保险学专业，1998年根据教育部的统一要求并称为金融学专业。1983年开始招收硕士研究生，1998年获博士学位授予权，1999年开始接收博士后进站科研人员，2003~2006年连续被评为广东省重点学科，2003年成为广东省名牌专业，货币银行学课程和国际金融学课程先后于2003年和2006年被评为广东省精品课程，2005年校金融研究所被评为广东省人文社科重点研究基地，2007年被评为国家重点学科，为学校金融学科的进一步发展提供了新的、更高的平台。暨南大学金融学科点自建立以来，始终全面贯彻党的教育方针，坚持"从严治校，从严治教，从严治学"的办学思想，从侨校的特色出发，不断深化科研与教学改革，在科研管理、课程体系、教学管理、教学手段等方面为造就适应经济发展的高素质金融人才进行了有益的探索。经过二十多年的建设和发展，本学科在学术队伍、科学研究、人才培养、学术交流、为政府决策提供咨询服务、为地方经济及企业发展提供服务等各方面都取得了显著成就，学术水平和研究成果在全国有着重要影响，在全国金融学科中具有较大的影响力，在华南居于领先地位，被《金融时报》誉为"华南地区金融教学科研的一个重要基地"。

金融学在近三十年来发展迅猛，正在形成宏观金融理论和微观金融理论并行发展的趋势。一方面，金融的宏观问题或宏观金融问题越来越复杂，传统的金融基础理论可能面临着深刻的挑战，需要重新思考和研究这些基础性理论。具体到我国金融学当前的发展，存在如下一些重要研究方向：比如以规范研究与实证研究相结合，研究我国货币政策问题，包括货币政策的目标、货币政策传导机制、货币政策效应等；研究我国实体经济与金融市场发展是否协调，金融市场、金融技术的发展如何促进或制约实体经济的发展，从而为金融市场建设提供政策决策支持。

另一方面，金融研究越来越呈现出微观化的趋势。具体到我国金融学当前的发展，存在如下一些重要研究方向：例如，从制度缺陷入手研究投资学和金融资产定价问题；从金融制度层面研究金融机构的成本、效率和风险问题，进行制度创新；又例如，法和金融结合的研究，使得金融体系的形成与发展具有突破性进展，深化了金融学研究的内涵，拓展了金融学研究的外延等。也就是研究新兴市场的理论，将心理学、社会学、法学等多学科的研究成果纳入金融学的研究框架中，从而形成新的金融理论。相关研究在国内尚处于起步阶段，还需要结合中国经济金融发展的实际，深入地进行大量的基础理论和实证研究。

与此同时，从金融学研究方法的发展趋势来看，呈现出数理分析化和交叉性两大主要趋势。数理分析化趋势以理工领域的最新发展很快应用到金融领域为标志；交叉性趋势则以制度分析、行为分析和心理分析在金融领域的广泛应用为标志。另外，工程与实验方法也被引入金融学，金融工程与金融实验得以快速发展。

暨南大学金融学人在全方位、多层次地研究与探索。为了记录暨南人把握时代机遇、迎接现实挑战的努力与汗水，为了反映暨南园金融学科的建设水平，为了记录暨南人面对改革与发展所展现的经济学智慧、创新意识与开拓精神，为了反映暨南园对我国经济金融发展、粤港澳经济金融繁荣所作的贡献，我们特此设立了《暨南金融文库·博士论丛》并予以出版。该文库涉及国际金融与金融产业组织、资本市场与公司金融、微观金融理论与实证、现代金融理论与政策等方面的内容，结合金融全球化和我国金融开放改革的实际，在探索中国货币、金融理论体系和政策体系方面出版了一批研究成果。力争在国际金融理论、华人华侨资本与国别金融、国际金融热点和前沿问题的研究方面，结合中国实际，探索中国涉外金融理论、制度及运作问题；力争从微观层面研究资本市场运行规律，研究资本市场定价、交易成本、流动性与资产定价之间的理论与经验关系，为规范与发展我国证券市场提供重要的理论与实证依据；力争在上市公司的竞争优势、长期绩效和成长能力方面，为推动我国上市公司的持续健康发展提供重要的理论和经验依据。

暨南大学校长　胡　军
2009年2月

目 录

1 导 论 ·· 1
  1.1 问题的提出 ·· 1
  1.2 概念的界定 ·· 3
  1.3 拟研究的问题、研究方法及创新之处 ···················· 6
  1.4 全书的组织结构 ·· 9

2 文献综述 ·· 10
  2.1 盈余管理的动机及手段 ·· 10
  2.2 关联交易与盈余管理的关系 ································ 16
  2.3 小结 ·· 19

3 关联交易与盈余管理的理论分析 ························ 21
  3.1 契约理论与盈余管理 ·· 21
  3.2 信号理论与盈余管理 ·· 22
  3.3 关联交易与盈余管理 ·· 23
  3.4 小结 ·· 26

4 关联交易与盈余管理的初步分析 ························ 27
  4.1 变量和数据 ·· 27
  4.2 描述性统计 ·· 32
  4.3 单因素方差分析 ·· 39
  4.4 相关分析 ·· 43

4.5 小结 …………………………………………………………… 44

5 关联交易与盈余管理的实证分析 …………………………………… 46
　　5.1 研究假设 ………………………………………………………… 46
　　5.2 研究方法 ………………………………………………………… 47
　　5.3 研究结果 ………………………………………………………… 49
　　5.4 小结 ……………………………………………………………… 55

6 不同动机下的关联交易与盈余管理 ………………………………… 58
　　6.1 配股动机下的关联交易与盈余管理 …………………………… 58
　　6.2 增发动机下的关联交易与盈余管理 …………………………… 68
　　6.3 ST撤销动机下的关联交易与盈余管理 ………………………… 79
　　6.4 股权分置改革前后的关联交易与盈余管理 …………………… 86
　　6.5 小结 ……………………………………………………………… 99

7 结论与建议 …………………………………………………………… 102
　　7.1 主要结论 ………………………………………………………… 102
　　7.2 对研究结果的进一步分析 ……………………………………… 104
　　7.3 政策建议 ………………………………………………………… 110
　　7.4 研究不足及研究展望 …………………………………………… 112

参考文献 ……………………………………………………………… 114

后记 …………………………………………………………………… 133

1 导　　论

1.1　问题的提出

　　盈余管理是管理层运用会计方法或者安排真实交易来改变财务报告，以误导利益相关者对公司业绩的理解或影响以盈余为基础合约的行为（Healy 和 Wahlen，1999）。

　　在我国证券市场的发展过程中，上市公司的盈余管理现象普遍存在。上市公司不仅在首次公开发行、增发配股过程中表现出较强的盈余管理动机，一些亏损公司、ST 公司等也常对公司的盈余进行操纵以摆脱困境。上市公司盈余管理的手段可以说是多种多样，上市公司不仅可以通过操纵会计项目，如利用递延税款、坏账准备金的计提、调整费用、提前确认收入等进行盈余管理，也可以通过规划和安排公司的真实交易来管理盈余。关联交易作为上市公司与关联方之间发生的转移资源或义务的事项，其主体间具有特定的利益关系，且带有极大的复杂性和隐蔽性，因此更易于被上市公司作为盈余管理的手段。

　　近年来国内曝光的一些财务舞弊案例显示，一些上市公司开始运用关联交易进行盈余管理。例如，我国第一个因无法披露定期报告而遭退市的上市公司达尔曼在其上市年度频繁利用与大股东及下属子公司之间的关联交易，虚构销售，虚增业绩；① 2007 年云南铜业的财务丑闻揭示，仅 2007 年一年与云南铜业发生关联交易的上市公司就有 70 家，通

---

① 资料来源：http://www.people.com.cn/GB/paper1631/14124/1258902.html。

过与关联方之间的"过账销售"手段，云南铜业获得了丰厚的虚增利润。①《证券时报》与联合证券公司共同进行的对我国上市公司经理人的调查结果也表明，排在前三位的利润包装手法分别是关联交易、巧用会计政策和地方政府支持。②

国外资本市场也不乏利用关联交易进行盈余管理的财务丑闻。例如，在"安然（Enron）事件"的曝光中，安然公司就是通过与"特定目的公司"进行系列令人眼花缭乱的关联交易来虚增营业额和操纵利润，将不盈利的部分留在了表外。③

众多国内外学者对上市公司运用关联交易进行盈余管理的现象进行了研究。Gordon 和 Henry（2003）对美国上市公司进行的实证研究发现，关联交易确实与盈余管理程度相关。Jaggi 和 Tsui（2007）对香港上市公司的研究表明，内部人销售越多，盈余管理程度越高，且这种正相关关系在 1997 年亚洲金融危机前更为显著。Aharony 等（2005）对 1999～2001 年的 198 家中国 IPO 企业进行研究，发现 IPO 企业的母公司为帮助企业上市，在 IPO 期间通过关联交易对拟上市企业进行了盈余管理。

本书以上海证券交易所和深圳证券交易所的 A 股上市公司为样本，拟研究我国上市公司关联交易与盈余管理的关系，分析各种不同类型的关联交易在上市公司盈余管理中的应用情况；并在此基础上，分析在不同的盈余管理动机下，上市公司是否运用不同手段的关联交易进行盈余管理以及表现出哪些不同的行为特征。

盈余管理是一个既与投资者保护紧密相关，又直接影响会计准则制定的重要问题。本书的选题对加强上市公司关联交易和盈余管理的监管、保护投资者权益、规范会计信息披露、维护证券市场的繁荣与稳定具有重要的理论和现实意义。

---

① 资料来源：http：//www.szcifco.com：8080/products/detail.jsp？ID＝36963。
② 蒋义宏、李东平：《会计信息失真：投资者视角与经营者视角》，载《财务与会计导刊》，2001（6）。
③ 资料来源：http：//www.lzumba.cn/html/Mbacase/2007/1－24/79093817.html。

1.2 概念的界定

1.2.1 关联方交易

财政部 1997 年 5 月 22 日颁布的《企业会计准则——关联方关系及其交易的披露》将关联方交易定义为"在关联方之间发生转移资源或义务的事项，而不论是否收取价款"。可以看出，与上市公司具有某种"关联关系"的关联方的存在是关联交易发生的前提。根据财政部的《企业会计准则——关联方关系及其交易的披露》的规定及该准则的《〈企业会计准则——关联方关系及其交易的披露〉指南》的说明，关联方包括：(1) 该企业的母公司；(2) 该企业的子公司；(3) 与该企业受同一母公司控制的其他企业；(4) 对该企业实施共同控制的投资方；(5) 对该企业施加重大影响的投资方；(6) 该企业的合营企业；(7) 该企业的联营企业；(8) 该企业的主要投资者个人及与其关系密切的家庭成员；(9) 该企业或其母公司的关键管理人员及与其关系密切的家庭成员；(10) 该企业主要投资者个人、关键管理人员或与其关系密切的家庭成员控制、共同控制或施加重大影响的其他企业。2006 年 2 月，财政部对企业会计准则进行修改，原有的《企业会计准则——关联方关系及其交易的披露》名称简化为《企业会计准则第 36 号——关联方披露》，新准则扩大了关联方的外延，将间接地对企业实施共同控制或施加重大影响的各方也认定为关联方的范畴，并且，新准则要求：企业无论是否发生关联方交易，均应当在附注中披露母公司和子公司的基本信息；如果母公司不是该企业最终控制方，应当披露最终控制方名称；如果母公司和最终控制方均不对外提供财务报表，还应当披露母公司之上与其最相近的对外提供财务报表的母公司名称。

根据《企业会计准则第 36 号——关联方披露》的有关规定，关联交易的类型通常包括以下几项：(1) 购买或销售商品；(2) 购买或销售商品以外的其他资产；(3) 提供或接受劳务；(4) 担保；(5) 提供资金（贷款或股权投资）；(6) 租赁；(7) 代理；(8) 研究与开发项目的转移；(9) 许可协议；(10) 代表企业或由企业代表另一方进行债务结算；(11) 关键管理人员薪酬。

1.2.2 盈余管理

目前，学术界对盈余管理的定义尚未形成定论。宁亚平（2004）将以往学者对盈余管理的定义归纳为以下四种：

(1) 基于管理层对盈余管理的目的或动机角度的定义。这种类型的定义认为，盈余管理是管理层为了给企业或自己谋取私利而实施的一种欺诈行为。Schipper（1989）认为，盈余管理是企业的管理当局为了获得私人利益而对外部的财务报告过程进行有目的的干涉和控制，他是从信息披露管理的层面来定义盈余管理的。Healy 和 Wahlen（1999）则将盈余管理定义为：管理层运用会计方法或者安排真实交易来改变财务报告，以误导（Mislead）利益相关者对公司业绩的理解或影响以盈余为基础合约的行为。对比 Schipper 与 Healy 和 Wahlen 对盈余管理的定义，可以看出，Schipper 只侧重了披露管理，而 Healy 和 Wahlen 则将交易规划也纳入了盈余管理的范畴。

(2) 基于会计报告盈余信息质量角度的定义。一种观点认为，所有的盈余管理活动都是欺诈性行为，美国证券案交易委员会主席 Arthur Levitt 在 1998 年《数字游戏》的演讲中指出，盈余管理是使有关盈余的报告反映管理层期望的盈余水平而非企业真实业绩表现的做法，Goel 和 Thakor（2003）也沿用了此定义。另一种观点则认为，盈余管理是一种超越真实性报告与欺诈性报告边界的行为，经过盈余管理的会计报告虽然缺乏真实性，但不是欺诈性的（Marin 等，2002）。这种方式对盈余管理的定义是很模糊的，难以进行定量的测算。

(3) 基于会计报告中管理层是否运用个人判断和观点角度的定义。Watts 和 Zimmerman（1990）认为，盈余管理是管理层有限度或无约束地使用个人的一些判断和观点，对会计数据进行策略性调整的行为。这一定义没有对盈余管理是否具有欺诈性给出意见。而且，该定义最大的缺陷在于：对于如何鉴定管理层的个人判断是有限度的还是无约束的，Watts 和 Zimmerman 没有给出界定，这就无法对盈余管理程度进行定量研究。

（4）基于会计报告的制定是否遵守会计准则角度的定义。Johnson（2000）认为，盈余管理是企业滥用会计准则的行为活动，前美国证券交易委员会首席会计师 Lynn E. Turner 也赞成此观点（Magrath 和 Weld，2002），但他们都未提及会计准则是否被滥用的标准。与此观点相反，美国会计学家 Scott（1997）认为，盈余管理是指在公认会计准则（GAAP）允许的范围内，通过会计政策的选择，使经营者自身利益或企业市场价值达到最大化的行为。Scott 的盈余管理定义是狭义的，将盈余管理限定在公认会计准则的约束范围内，盈余管理采用的方法也仅限定于会计政策的选择，盈余管理既可能是机会主义行为，也可能是满足股东利益最大化的有效契约的结果。Brown（1999）也指出，盈余管理是企业在会计准则允许的范围内有意识地把账面盈余拉向所期望水平的一个过程，但 Brown 并没有给出"有意识"的判断标准是什么。Dechow 等（1995）、Dechow 和 Skinner（2000）则是把企业有关盈余的做法分成三种：欺诈的会计行为、盈余管理和合法地使用会计选择。后两种做法均为在会计准则允许的范围内运用个人的判断和观点来调整盈余，两者的区别在于管理层的目的不同，若管理层的目的是欺骗财务报表使用者，则为盈余管理，否则就是"合法地使用会计选择的行为"。但是，这种定义使人感到迷惑：盈余管理既然没有违反会计准则，何来欺骗之说？[①]

基于本书的研究目的，本书使用 Healy 和 Wahlen（1999）对盈余管理的定义：盈余管理是管理层运用会计方法或者安排真实交易来改变财务报告，以误导利益相关者对公司业绩的理解或影响以盈余为基础合约的行为。沿用此定义的原因在于：一方面，该定义指出，盈余管理的具体方法既包括 Schipper 提出的运用职业判断改变财务报告，也包括规划和安排交易。本书研究上市公司运用关联交易所进行的盈余管理行为，这正属于规划和安排交易方式的范畴。另一方面，该定义说明了盈余管理实现私有收益的途径是误导那些以公司的经济业绩为基础的利益相关者的决策，或者影响以报告盈余为基础的合约。

[①] 宁亚平：《盈余管理的定义及其意义研究》，载《会计研究》，2004（9）。

1.3 拟研究的问题、研究方法及创新之处

1.3.1 本书拟研究的问题

（1）研究关联交易及其各种类型对盈余管理的影响。

根据交易费用理论，关联交易的产生，最初在于有效满足企业潜在的经济需要，降低企业的交易成本和经营风险。但是，关联交易作为上市公司与关联方之间发生的转移资源或义务的事项，由于其交易主体的关联性，带有极大的复杂性和隐蔽性，也可能成为一些上市公司进行盈余管理的手段之一。Gordon 和 Henry（2005）对美国上市公司的研究发现，关联交易确实与盈余管理相关，但只是特定类型的关联交易，如关联方借贷等。也有学者对中国上市公司的关联交易与盈余管理的关系进行检验，但大多针对关联交易是否发生或对那些发生金额（或次数）较多的关联交易类型进行研究，如佟岩和王化成（2007）仅使用了关联交易发生与否的虚拟变量，Jian 和 Wong（2006）只考察了关联方销售。关联交易的手段和形式是复杂多样的，仅考虑其发生与否或其某一种类型的做法是不够严谨的，且不足以分析各类型关联交易的不同特征和动机。因此，本书拟考察我国上市公司发生的全部关联交易及其所有类型，探讨关联交易的发生规模对盈余管理程度的影响。

已有研究发现，计入线下项目[①]的股权交易、资产重组等被称为利润的快速操纵武器（Haw 等，2005；邵军和边泓，2005）。但是，现阶段，监管层对线下项目的盈余管理的监督力度越来越大，且投资者"看穿"上市公司线下项目盈余管理行为的能力逐渐提高，[②] 从这一角度出发，作为线下项目的部分关联交易类型可能对盈余管理影响不大。如 Jian 和 Wong（2006）认为，近年来盈余管理已经开始从线下项目向

[①] 线下项目指损益表中营业利润以下的项目，包括投资收益、营业外收支、补贴收入等，线下项目属于非主营业务收入。

[②] Haw 等（2005）的研究表明，投资者会给线下项目带来的收益一定的折扣。

线上项目①转移。从上述角度出发，研究关联交易属于线上项目和线下项目的所有类型就显得尤为重要，这不仅有助于检验关联交易或者判断哪些类型的关联交易是上市公司盈余管理普遍采取的手段之一，也可以从关联交易的角度验证盈余管理的手段是否开始从线下项目向线上项目转移，从而为监管层有针对性地从交易类型角度监督关联交易提供依据。

(2) 从盈余管理动机的角度，研究具有哪些公司特征的上市公司具有强烈的运用关联交易进行盈余管理的动机。

如果关联交易及其各种类型显著影响盈余管理程度，则须进一步探讨具有哪些特征的上市公司具有强烈的运用关联交易进行盈余管理的动机，从而对这一机会主义行为进行遏制。因此，本书从盈余管理动机的角度，将具有配股、增发、被 ST 特征以及实行股权分置改革的上市公司与未配股、未增发、未 ST、未股改的公司进行对比，探讨上述公司特征对关联交易和盈余管理的关系有何不同的影响，以为监管部门有针对性地监督关联交易和盈余管理提供依据。

(3) 研究不同的盈余管理动机，上市公司运用关联交易进行盈余管理呈现出哪些不同的特征。

国内学者的研究证实，我国上市公司在 IPO、配股增发、面临亏损、实行股权分置改革时体现出强烈的盈余管理动机。Aharony 等 (2005) 研究了中国 IPO 企业和母公司之间进行的关联交易，发现母公司在 IPO 前为帮助企业上市，利用商品和服务出售进行盈余管理。

本书拟在 Aharony 等 (2005) 的研究基础上，对实行配股、增发和被特别处理 (ST) 的上市公司发生的关联交易进行研究，探讨配股公司、增发公司、ST 公司的关联交易对其盈余管理程度的影响，研究在盈余管理的不同动机下，上市公司是否使用了不同类型的关联交易 (尤其是属于线上项目与线下项目的不同)，从而为监管部门针对具有不同动机的公司监管关联交易、遏制盈余管理提供依据。

2005 年 4 月开始的股权分置改革是我国为解决股权分置问题、建立全面市场化机制的重大举措，是我国证券市场发展的分水岭。但上市公司在进行股权分置改革前后的业绩发生了比较大的变化，截至 2006

---

① 线上项目指损益表中营业利润以上的项目，包括经常交易、资本往来项目和误差遗漏项。

年年底，上市公司股改前资产净利率的均值为 1.0109，中位数为 2.0908，净资产收益率的均值为 -6.0180，中位数为 5.0980；而股改后资产净利率的均值则增加到 1.9052，中位数上升到 2.4721，净资产收益率的均值增加到 2.5578，中位数上升到 6.1100，存在的一种可能性就是上市公司采取措施对公司的盈余进行了管理（王咏梅和杨阳，2007）。与此同时，本书还发现，上市公司在股权分置改革期间进行的关联交易比往年明显增多。因此，本书拟探讨在股权分置改革前后上市公司是否利用关联交易进行了盈余管理。

1.3.2 研究方法

本书采用实证分析的方法，对 2002～2008 年我国 A 股上市公司的关联交易对盈余管理的影响进行检验。在对全部上市公司进行分析时，由于所使用的数据是面板数据（Panel Data），为了更好地控制个体以及许多未知因素的影响，本书将使用面板数据的分析方法。而且，为处理复杂的误差结构、获得有效的估计，本书使用 Beck 和 Katz 在 1995 年提出的 PCSE（Panel Corrected Standard Errors，面板校正标准误）方法进行估计。在对配股公司、增发公司、ST 公司和股权分置改革前后进行实证检验时，由于样本量较少、时间段较短，故采用 OLS（Ordinary Least Squares，普通最小二乘法）的估计方法。

1.3.3 创新之处

（1）分析了各类型关联交易对盈余管理的影响。

上市公司发生的关联交易种类较多，且不同类型的关联交易呈现出的特征和动机可能不同。以往学者在考察关联交易对盈余管理的影响时，大多针对关联交易发生与否的虚拟变量或对某种发生金额（或次数）较多的关联交易类型（如商品购销）进行研究。鉴于关联交易形式的多样性和复杂性，仅考察其发生与否或某一种类型的做法使得研究结论缺乏对不同类型关联交易的深入了解。所以，本书将关联交易的研究种类扩大到 11 种，而不是以往文献研究的虚拟变量或单一类型，在对不同类型的关联交易进行探讨的同时，也试图对盈余管理大多是采取线下项目还是线上项目这一争论进行验证。

(2) 检验并对比不同盈余管理动机下，上市公司盈余管理所使用的关联交易手段所呈现的不同特征。

Aharony 等（2005）的研究验证了中国 IPO 公司利用关联交易进行盈余管理的现象。而在实行配股的公司、增发新股的公司以及被特别处理的公司中是否也存在 IPO 公司利用关联交易进行盈余管理的现象，以及上市公司在不同动机下使用的关联交易手段是否不同（尤其是属于线上项目与线下项目的不同），尚未有学者对此进行研究。此外，本书分析了股权分置改革前后关联交易对盈余管理的影响，从该角度探讨股改过程中关联交易是否发挥作用。本书检验并对比在不同盈余管理动机下，上市公司是否使用了不同手段的关联交易以达到其目的，从而可以为监管层采取有针对性措施方面提供参考和借鉴。

1.4 全书的组织结构

本书以上海证券交易所和深圳证券交易所的 A 股上市公司为样本，将上市公司发生的关联交易按照交易类型划分为 11 类，拟检验关联交易或者判断哪些类型的关联交易是上市公司盈余管理普遍采取的手段。并在此基础上，研究在不同的盈余管理动机下，上市公司运用关联交易进行盈余管理呈现出哪些不同的特征。本书除第 1 章外，其余章节的结构安排如下：第 2 章是文献综述，分别就盈余管理的动机和手段、关联交易与盈余管理的关系，阐述国内外学者的研究现状，并进行评述，从而提出本书所要解决的重点问题；第 3 章阐述了关于盈余管理的契约理论和信号理论，以及关联交易对盈余管理影响的相关理论；第 4 章是我国上市公司关联交易、盈余管理及其相互关系的初步分析，包括描述性统计、单因素分析和相关分析，为进一步的深入分析提供前提和依据；第 5 章通过实证分析探讨上市公司关联交易对盈余管理的影响，并从盈余管理动机的角度，研究具有哪些公司特征的上市公司具有强烈的运用关联交易进行盈余管理的动机；第 6 章则是按照我国上市公司盈余管理的不同动机，探讨配股动机、增发动机、ST 撤销动机下以及股权分置改革前后关联交易与盈余管理关系所呈现出的不同特征；第 7 章是本书的结论和相关的政策建议。

2 文献综述

结合本书需要重点解决的问题,本章的文献综述分为以下三个部分:首先是关于盈余管理动机和手段的相关研究;其次是对关联交易与盈余管理关系的相关研究;最后是小结。

2.1 盈余管理的动机及手段

2.1.1 盈余管理的动机

公司进行盈余管理的动机是多种多样的,而且,国外和国内学术界对于盈余管理动机的探讨也存在较大的差异。目前,国外文献对盈余管理动机的研究可以归纳为三类:资本市场动机、契约动机及监管动机。

(1) 资本市场动机。① 国外一些学者发现,上市公司在提高股票发行价格和管理层收购过程中存在盈余管理的动机。Aharony 等(1993)、Friedlan(1994)、Chaney 和 Lewis(1995)、Teoh 等(1998)的研究发现,首次公开发行的公司在 IPO 前进行了盈余管理,盈余管理可以用来解释 IPO 之后的利润下降和股票异常回报率下降。Spiess 和 Graves(1995)、Loughran(1997)的研究表明,企业在增发股票之后的 5 年内的价格走势弱于整个市场。Teoh 等(1998)提出增发期间的盈余管理假设并指出,增发企业在发行新股之前会人为地提高利润,致使投资者高估增发企业的盈利能力,从而接受较高的股票发行价格,而且,增发企业在增发前存在的盈余管理行为会使增发后的企业利润下降。Rangan

---

① Healy 和 Wahlen(1999)指出,盈余管理的资本市场动机是指公司管理当局通过操纵盈余来影响公司股票短期价格的动机。

(1998) 的实证研究证明，增发企业在发行新股之前发生了大量盈余管理行为，这可以解释发行后的利润和回报率下降、市场高估发行价格的现象。Yoon 等 (2002) 对韩国增发企业的研究也证实了企业在发行前存在的盈余管理行为。但是，Shivakumar (2000) 在考察美国的增发企业发行前粉饰的应计利润和发行后的异常回报后发现，投资者不会被发行企业的盈余管理行为蒙骗，他们能够"看穿"这些盈余管理行为。

还有一些国外学者考察了管理层收购 (Management Buy – out) 前的盈余管理。DeAngelo (1986) 指出，盈余管理信息在管理层收购的估价中是非常重要的，管理层收购公司的管理层有低估盈余的动机，但其实证检验未发现该类公司管理盈余的证据。Perry 和 Williams (1994) 的研究发现操控性应计利润在管理层收购前是负的，即企业在管理层收购前存在减少收益的盈余管理行为。Erickson 和 Wang (1999)、Louis 和 Cheng (2002) 则指出，企业在兼并收购过程中也存在大量盈余管理行为。Erickson 和 Wang (1999) 对美国上市公司的研究发现，在兼并协议签署前，兼并企业有正向的盈余管理行为，且盈余管理的程度与兼并规模正相关。Louis 和 Cheng (2002) 的实证结果表明，兼并企业在兼并完成后出现的业绩下滑可以由兼并前的盈余管理行为来解释。

(2) 契约动机。已有文献检验了债务契约和报酬契约所产生的激励效应能否解释盈余管理。DeFond 和 Jiambalvo (1994) 以及 Sweeney (1994) 对那些实际已经违反了债务契约的样本公司进行的实证研究发现，样本公司在违反契约之前和之后都存在盈余管理行为。但 Healy 和 Palepu (1988)、DeAngelo 等 (1994) 的研究却指出，没有证据表明即将达到股利限制条件的公司会进行盈余管理。而关于报酬契约所产生的盈余管理动机，Healy (1985)、Holthausen 等 (1995)、Guidry 等 (1999)、Gul 等 (2003) 都证实了管理当局为提高其基于盈余的奖金报酬，会采用递延收益的手段来操纵盈余。

有学者考察了隐含的报酬契约对盈余管理动机是否有影响，通过实证研究检验了在公司管理层的职位受到威胁时盈余管理的频率是否会提高。Dechow 和 Sloan (1991) 发现，公司执行总裁在任期的最后几年削减研发费用开支以增加会计盈余，而且这种行为与公司执行总裁报酬契约的短期性质有关，也与其聘任期限长短有关。Fudenberg 和 Tirole（1995）的研究证明管理层为了增加他们的职位安全会进行平滑收益。DeFond 和 Park（1997）、Ahamed 等（2000）也发现，经理人为了保住他们的职位，会进行收入平滑化的盈余管理。

（3）监管动机。对于盈余管理的监管动机，国外学者大多考察了行业监管和反托拉斯监管的影响。例如，Beatty 等（1995）、Collins 等（1995）的研究发现，接近最低资本要求的银行会高估贷款损失准备，低报贷款注销额，并确认非经常性的已实现的投资组合利得。Jones（1991）发现申请进口减免税的行业在申请当年有递延收益的现象。Key（1997）的研究结果证实，在国会召开听证会考虑是否解除对有线电视行业的管制时期，有线电视公司会通过人为调减应计利润项目使报告盈余降低。Patten 和 Trompeter（2003）研究了环保调查与盈余管理的关系，美国 1984 年 Union Carbide 的一次泄漏事件引起了全行业的环保调查，Patten 和 Trompeter（2003）的研究发现，在 1984 年被调查企业降低了盈余管理的程度。

国内学者的研究发现，我国上市公司在 IPO、增发配股、面临亏损、管理层收购等过程中表现出的盈余管理动机更为强烈。

Aharony 等（2000）对我国 1992～1995 年首次公开发行 B 股和 H 股的国有企业的上市财务包装（Financial Packaging）进行了研究，发现 IPO 公司的资产利润率在首次公开发行的前两年会开始上升，在 IPO 当年达到最高值，但在 IPO 的随后三年则呈现出下降的趋势，且 IPO 公司在上市过程中的盈余管理动机和机会的大小与其上市地点和所处行业显著相关。魏明海等（2000）、洪剑峭和陈朝晖（2002）的实证研究也证实，我国 A 股 IPO 公司在 IPO 前存在着盈余管理的行为。

孙铮和王跃堂（1999）、陈小悦等（2000）的研究都发现，在配股生命线右侧，上市公司具有非常集中的趋势，从而说明上市公司为了达到配股要求存在盈余管理的行为。李志文和宋衍衡（2001）的研究表明，上市公司配股后普遍存在着利润下调、经营业绩恶化等现象，从而间接证明了上市公司在配股前存在的盈余管理行为。

陆建桥（1999）以 1993～1997 年上海证券交易所的 22 家亏损公司为研究对象，并选择了行业相同、规模相类的 22 家盈利公司作为控制样本，实证研究结果表明，为避免公司因出现连续三年亏损而受到诸如暂停上市、终止上市等处罚，亏损上市公司在亏损年度及其前后普遍采取了相应的调减或调增收益的盈余管理行为。胡玮瑛等（2003）的研究发现，微利公司在微利当年也具有明显的盈余管理现象，且营业外项目成为微利公司盈余管理的主要手段，而公司利用主营业务收入来调节利润的迹象不明显。

张永国（2004）、于明涛和王春雷（2006）指出，我国上市公司在管理层收购过程中存在着盈余管理行为。何问陶和倪全宏（2005）选取截至2002年年底公认实行了MBO而又可获取资料的15家上市公司，研究其在MBO前一年是否存在减少报告盈余的会计处理，未发现证据支持这一现象，这与DeAngelo（1986）、Perry和Williams（1994）等对美国上市公司的研究结论是相反的。

2005年，我国拉开了股权分置改革的序幕，有学者对股权分置改革过程中的上市公司进行研究，发现上市公司在股权分置改革之前会进行盈余管理。王咏梅和杨阳（2007）对2005年和2006年进行股权分置改革的1 275家上市公司的研究发现，为了降低股权分置改革方案中非流通股股东支付给流通股股东的对价水平，当年进行股权分置改革的上市公司会利用资产减值准备进行盈余管理，以降低股改前一年度盈余。郑金国等（2009）对2006年4月17日前公告股改的458家上市公司在股改过程中的盈余管理行为进行的实证研究也发现，2006年公告股改的上市公司为达成对非流通股股东有利的股改方案，在2005年的年报中普遍采取了故意降低盈利的盈余管理手段；而在2005年完成股改的公司，并没有在2005年的年报中体现出针对股改的盈余管理。张爱民和常佩佩（2007）以截至2005年年底沪市和深市宣布进行股权分置改革的A股上市公司为样本的研究也发现，股权分置改革方案出台的前一个季度，股改公司进行了调低利润的盈余管理，而且，低对价股改公司比高对价股改公司有更显著的盈余管理水平。

综上所述，与国外上市公司盈余管理的动机有所不同，国内上市公司迎合政府监管的动机是最为强烈的，而且，上市公司在IPO、增发配股、面临亏损、股权分置改革等过程中表现出强烈的盈余管理动机。

2.1.2 盈余管理的手段

盈余管理的手段是复杂多样的，国内外学者对其的研究大致可分为两大类：一类是西方使用的比较普遍的巧用会计方法，包括利用递延税款、递延收益、折旧方法、坏账准备的计提、调整费用、利用时间差等；另一类是利用安排真实交易，包括资产出售、股权交易、关联交易等手段。

（1）利用会计方法的盈余管理手段。

Watts 和 Zimmerman（1978、1979 和 1986）研究了会计方法改变的经济后果和会计政策选择问题，将影响企业会计选择因素概括为红利计划、债务契约和政治成本，并指出企业管理当局具有通过会计选择行为，如存货会计方法、折旧方法、投资抵减法、退休金分摊年限的选择等来美化财务状况以满足红利与债务契约的动机，而政府及监管机构出于控制经济资源、分享经济收益、稳定市场秩序的目的，会通过各种管制等手段对企业施加影响。

Healy（1985）、Holthausen 等（1995）、Guidry 等（1999）在证实管理当局为提高其基于盈余的奖金报酬时，指出管理层会采用递延收益的会计处理方法来操纵盈余。Peavey 和 Nurnberg（1993）、Comiskey 和 Mulford（1994）、Petree 等（1995）的研究发现，递延税款是上市公司从事盈余管理的有用工具。Miller 和 Skinner（1998）、Visvanathan（1998）对递延税款作为盈余管理的手段进行研究，尚未证实管理层会以递延所得税来管理盈余，但这一结果可能是由于递延所得税金额不够大的缘故，同时，Visvanathan（1998）的研究发现，企业似乎有通过"洗大澡"①管理当期盈余的现象。Bauman 等（2000）发现管理当局会利用递延所得税备抵评价科目来平稳未来年度的盈余。Phillips 等（2003）的研究也指出，递延税款在企业避免盈余下降和符合分析师盈余预测方面较其他的应计项目更有用。

Teoh 等（1998）在对美国 IPO 公司的盈余管理行为进行研究时发

---

① "洗大澡"指上市公司有意压低坏年景的业绩，将利润推迟到下一年度集中体现，以达到下一年度业绩大增的会计操纵手段。

现，IPO公司通过固定资产折旧和坏账准备实现其盈余管理的目的。但Keating和Zimmerman（2000）对折旧方法变更、资产折旧年限和残值会计估计变更进行的检验发现，折旧政策没有被经常用做盈余管理的手段。

Beaver等（1989）与Liuhe和Lu（1997）的研究发现，银行会通过贷款损失准备进行盈余管理。Petroni（1992）、Beaver等（1998）、Petroni等（1999）、Nelson（2000）则发现了财产保险公司运用损失准备进行盈余管理的现象。

Dechow和Sloan（1991）发现，公司执行总裁会在任期的最后几年削减研发费用开支来操纵盈余。Perry和Williams（1994）、Bushee（1998）也指出，调整研发费用开支的时机是管理层在比较公司实际盈余与分析师预期盈余之后会采取的盈余管理手段。

国内学者陆建桥（1999）指出，亏损公司主要通过营运资金项目，尤其是营运应收应付项目、存货项目作为盈余管理的手段。胡玮瑛等（2003）对微利公司盈余管理的研究发现，营业外项目成为微利公司盈余管理的主要手段，而公司利用主营业务收入来调节利润的迹象不明显。陈晓和戴翠玉（2004）对亏损上市公司扭亏事件的研究发现，亏损上市公司主要通过采用关联交易和资产重组活动实现扭亏为盈的目的，地方政府对亏损上市公司的财政补贴也没有对其扭亏为盈产生显著的影响。赵春光（2006）对资产减值这一盈余管理手段进行的研究发现，减值前亏损的公司会以转回和计提资产减值进行盈余管理，从而达到避免亏损或"洗大澡"的目的。魏涛等（2007）对非经常性损益盈余管理手段的研究发现，无论是亏损公司还是盈利公司，都普遍将非经常性损益作为盈余管理的手段。

（2）利用真实交易的盈余管理手段。

在构建真实的经济交易或事项方面，Hand（1989）研究了公司管理层发行股票以提前偿还长期负债的事项，发现债转股是公司避免业绩下滑的盈余管理手段。Bartov（1993）最早对以资产出售作为盈余管理的手段进行研究，指出公司经理可以通过选择长期资产处置的时点（推迟或提前资产处置收入的确认时间），从而达到利润平滑和降低权益负债率的盈余管理目的。Poitras等（2002）对新加坡上市公司的研究发现，亏损上市公司通过资产出售进行盈余管理的动机更为强烈，而且，由于新加坡与美国会计准则上的差异，不同的会计准则对运用资产出售达到盈余管理的程度有不同的影响。Black 等（1998）对澳大利亚、新西兰和英国的研究以及 Herrmann 等（2003）对日本的研究也发现，长期资产出售是管理层进行盈余管理的手段。

2000 年以后，关联交易作为构造真实交易的盈余管理手段也开始受到国内外学术界的关注。

2.2 关联交易与盈余管理的关系

关联交易的产生，最初在于支持上市公司，它能有效满足企业潜在的经济需要，降低企业的交易成本和经营风险（Coase，1937；Fisman 和 Khanna，1998；Khanna 和 Palepu，1997，2000）。Chang 和 Hong（2000）对 1985~1996 年 317 个韩国集团企业的内部交易进行实证研究，发现集团子公司能够通过集团成员之间共享无形资源（如技术和广告）和金融资源来降低交易成本，从而获得协同效益（Operating Synergy）；另外，集团成员之间还可以使用多种内部交易形式，如债务担保、股权投资、商品购销等来进行交叉补贴（Cross – Subsidization）。

但是，更多学者认为，如今的关联交易行为更多地体现为"掏空"上市公司的手段，而非支持上市公司，由于关联交易的交易主体之间具有特定的关系，控股股东常将关联交易作为其转移资产和利润、进行"掏空"上市公司的手段选择，不仅在法律制度较薄弱、对投资者利益保护较差的国家，即使是在法律制度完善的发达国家，这一现象也很普遍。Gordon 和 Henry（2003）、Kohlbeck 和 Mayhew（2004）对美国上市公司的考察，Cheung 等（2006）对香港上市公司的研究，以及朱国民等（2005）、王力军（2006）对中国上市公司的研究都发现关联交易降低了企业价值，从而支持利益冲突假设。

一些学者指出，基于机会主义观，管理层在特定的动机下可能使用关联交易进行盈余管理，关联交易为上市公司进行盈余管理提供了隐蔽而且实用的手段（Gordon 和 Henry，2003；黄世忠，2001；简立君，

2003),并有一部分学者对关联交易与盈余管理的关系进行了实证研究。

Gordon 和 Henry（2003）以 2000~2001 年 331 家美国上市公司为样本，分别对全部类型的关联交易、上市公司与管理层发生的关联交易和与非执行董事发生的关联交易进行实证研究，结果表明，关联交易确实与盈余管理程度（以操纵性应计利润衡量）呈现出显著正相关的关系，但只是特定类型的关联交易，如固定利率融资。

Jaggi 和 Tsui（2007）对香港上市公司的研究表明，内部人销售越多，盈余管理程度越高，且这种正相关关系在 1997 年亚洲金融危机前更为显著。

在对中国大陆上市公司的研究中，Jian 和 Wong（2006）指出，中国的经济制度、法制体系、企业结构导致上市公司发生大规模的关联交易行为，而且，属于企业集团的公司在有避免退市或发行新股的动机时，会报告非正常的大规模关联销售进行盈余管理。他们对 1998~2002 年中国上市公司的实证研究发现，上市公司为了获得配股资格或避免被退市，会频繁使用关联交易以达到证监会的盈利要求；而且，上市公司使用关联交易的盈余管理行为越多，"掏空"行为也越多。

Aharony 等（2005）对 1999~2001 年的 198 家中国 IPO 公司与其母公司之间进行的关联交易进行研究，发现母公司为帮助公司上市，在 IPO 期间通过商品和服务的出售对拟上市公司进行了盈余管理，但是 IPO 之后却实行了机会主义行为，从上市公司转移资源。通过比较各类型关联交易在 IPO 前一年、IPO 当年和 IPO 后一年的差异，他们发现，上市公司向母公司出售商品和服务的规模在 IPO 后一年较 IPO 前一年显著下降，上市公司向关联方的贷款在 IPO 后一年显著增加，说明上市企业的母公司可能利用机会主义的关联交易在 IPO 过程中帮助拟上市公司提高盈利水平。而且，IPO 公司在 IPO 当年向母公司出售商品和服务的规模与其盈余管理程度呈现出显著正相关的关系，但在 IPO 后一年该影响非常小且不显著。

洪剑峭和方军雄（2005）认为，当上市公司向其关联方的商品销售达到较大比重时，其报告的会计盈余数据具有较低的价值相关性。但另一方面，市场对较低比例的关联交易似乎比较认可，并不影响盈余的价值相关性。通过对 2001 年上市公司的关联销售进行实证研究，他们发现，盈余的价值相关性随着关联销售比重的增加而显著地表现为一种倒"U"形的非线性关系。

佟岩和王化成（2007）对不同控制权收益下关联交易对盈余质量的影响进行的实证研究发现，当控股股东持股比例在50%及以下时，他们更倾向于通过关联交易追求控制权私有收益，其结果降低了盈余质量；而当控股股东持股比例超过50%时，他们偏好通过关联交易获取控制权共享收益，最终提高了盈余质量。佟岩和程小可（2007）在考虑关联交易利益流动方向的基础上，将全部样本划分为仅发生"掏空"性的关联交易、仅发生支持性的关联交易、同时发生"掏空"性和支持性的关联交易、无法识别利益流向四组，得到与佟岩和王化成（2007）类似的结论。

高雷和宋顺林（2008）以我国2002~2004年上市公司为样本，检验关联交易与盈余管理的关系，研究结果显示：有配股盈余管理动机的公司，其计入线上项目的关联交易比例显著高于控制样本，但担保抵押类关联交易的比例显著低于控制样本；有避亏盈余管理动机的公司，其通常计入线下项目的关联交易比例显著高于控制样本；当有盈余管理动机的公司附属于企业集团时，或者当其控股股东处于绝对控股地位时，其关联交易比例更高；配股公司配股后发生的关联销售和关联采购的比例显著低于配股前；扭亏为盈的公司在扭亏当年的关联交易比例显著高于扭亏前一年；计入线上项目的关联交易是上市公司为获取配股资格而进行盈余管理普遍采用的重要手段，计入线下项目的关联交易则是上市公司为避免亏损而进行盈余管理普遍采用的手段。

郑国坚（2009）指出，如果大股东存在通过关联购销行为进行"高卖低买"的利润转移行为，大股东可能进行盈余操纵或拖欠上市公司资金，同时，由于投资者信息解读能力等方面的局限，投资者对企业会计盈余的可信度产生怀疑，从而关联交易可能提高盈余管理程度、降低盈余质量。但另一方面，在我国经济转轨与新兴市场并存的环境下，关联交易也可能发挥其相对于外部市场的效率优势。他对我国2000~2005年5 576家上市公司进行的实证研究发现，关联商品和劳务购销的金额越大，盈余管理程度越大，盈余质量也越低。

2.3 小结

在盈余管理的动机方面,国外学者的研究主要集中在资本市场动机、契约动机及监管动机三个方面。但是,国内学者的研究发现,中国上市公司为迎合政府监管,在首次公开发行、增发配股、面临亏损、股权分置改革等过程中表现出的盈余管理动机更为强烈。

在盈余管理的手段方面,国内外学者对会计方法的运用(如递延税款、递延收益、折旧方法、坏账准备的计提、调整费用、利用时间差等)和真实交易方式(如资产出售、股权交易、关联交易等)进行了实证分析,证实了这些手段在上市公司盈余管理方面发挥的重要作用。

近年来,国内外学者开始展开关联交易与盈余管理的研究,但是,目前的研究中尚存在一些问题。

首先,在研究对象上,国内外大多数只是针对关联交易是否发生或对那些发生金额(或次数)较多的关联交易类型进行研究,如佟岩和王化成(2007)、佟岩和程小可(2007)仅使用了关联交易发生与否的虚拟变量,Jian 和 Wong(2006)、洪剑峭和方军雄(2005)、Jaggi 和 Tsui(2007)、郑国坚(2009)只考察了关联方销售。关联交易的手段和形式是复杂多样的,仅考察其发生与否或某一种类型的研究方法,使得研究结论缺乏对其他关联交易类型的深入了解。此外,现有学者对我国上市公司盈余管理大多是采取线下项目还是线上项目仍存在很大争论,而关联交易的类型既有属于线上项目的,也有属于线下项目的。因此,有必要对关联交易属于线上项目和线下项目的所有类型进行探讨,这不仅有助于检验关联交易或者明确哪些类型的关联交易是上市公司盈余管理普遍采取的手段之一,也可以从关联交易的角度验证盈余管理的手段是否开始从线下项目向线上项目转移。

其次,在研究方法上,Jian 和 Wong(2006)采用 ROE 这一间接方法度量盈余管理。洪剑峭和方军雄(2005)、佟岩和王化成(2007)、佟岩和程小可(2007)则使用基于市场回报的价值相关性模型估量盈余质量,计算盈余反映系数,将关联交易等相关变量与盈余相乘,观察各变量的系数反应对基本盈余反应系数的影响,以此研究关联交易对盈余质量的影响。但上述方法都不能直接定量地度量上市公司盈余管理的程度。Gordon 和 Henry（2003）对美国上市公司、Jaggi 和 Tsui（2007）对香港上市公司，以及 Aharony 等（2005）和郑国坚（2009）对中国上市公司的研究则使用了能衡量盈余管理程度的操纵性应计利润。

3 关联交易与盈余管理的理论分析

3.1 契约理论与盈余管理

现代企业理论认为"企业是一系列契约的组合",而契约又反映一定的委托—代理关系。委托—代理关系是指委托人委托代理人根据委托人的利益从事某些活动,并相应地授予代理人某些决策权的契约关系。委托—代理理论指出,委托人为了实现自身效用最大化,将其所拥有资源的某些决策权授予代理人,并要求代理人提供有利于委托人利益的服务或行为。代理人同样为追求自身效用最大化的经济人,但是其与委托人的效用函数并不相同。在信息不对称的情况下,由于效用函数的不一致,就会产生代理问题,即代理人在行使委托人授予的资源决策权时可能从自身的利益出发,向委托人隐瞒真实信息、制造虚假信息或利用信息优势侵害委托人的利益。

现代公司制度发展到 20 世纪初时出现了一个深刻的变化:公司的股权高度分散,所有权与经营权高度分离。股东(委托人)委托专业经理层(代理人)为公司谋取最大的财富,但股权的高度分散使股东难以像以前那样对公司的管理层进行直接有效的监督。当管理层与股东产生利益冲突时,管理层为追求其个人利益,使企业偏离利润最大化的经营目标,因而产生了股东与管理层之间的委托—代理问题。由于股东与管理层之间的委托—代理问题的存在,股东就必须建立一套有效的制衡机制来约束并激励管理层的行为,以减少代理问题,降低代理成本。股东通常采取的激励约束机制是将部分剩余索取权转让给管理层,使管理层的收益不仅来自于薪金,而且也与股东的效用函数趋于一致,这样,管理层才会更加努力地为股东工作。而最优的合同必须建立在股东与管理层博弈双方都可以观察到的业绩衡量标准之上。由于管理层努力程度的不可测性，股东通常以企业的经营成果作为管理层的业绩评价标准。会计盈余作为一个反映企业经营业绩的重要指标，是许多契约的重要参数，而且是管理层报酬契约制定和执行的一个重要依据。

除管理层的报酬契约之外，企业另一个比较重要的契约是债务契约。当企业和债权人形成借贷关系后，企业股东和债权人之间的利益存在不一致性。股东关注的是企业股利支付的能力和股本增值的能力，而债权人更关心的是能否按期收回本金和利息。在这种利益冲突下，股东或管理层有可能通过各种方式转移、剥夺债权人的财富，借以达到自身利益的最大化。为此，债权人在与企业签订债务契约时，对企业提出一系列的约束条件，如限制企业的股利支付率、股票回购和举借新债等行为，要求企业维持特定水平的营运资本、利息保障倍数、净资产等。通过债务契约的签订，可以限制经理人员的行为或要求其按照一定原则行事，以保护债权人的合法、正当权益，但债务契约对企业的限制通常都是依据相关财务指标加以监控的。

可见，会计盈余在监督和评价管理层报酬契约和债务契约的实施过程中发挥了重要作用。而作为真实会计信息知情者和会计选择执行者的管理层，为了谋求自己利益的最大化，具有选用能使自身效用最大化的会计政策和方法的强烈倾向。再加上契约本身的不完备性和管理知识等资产的难以计量性，使得那些契约关系人中能够影响和改变会计信息的管理层会采取一定的盈余管理行为，通过管理会计盈余数字来影响利益分配，使契约的签订或履行朝对自己有利的方向发展。

3.2　信号理论与盈余管理

信号理论主要包括信号传递和信号甄别两大方面，信号传递（Signaling）指通过可观察的行为传递商品价值或质量的确切信息，信号甄别（Screening）指通过不同的合同甄别真实信息。1974年，斯彭斯在其论著《市场信号：雇佣过程中的信号传递》中开创性地研究了将教育水平作为"信号传递"的手段在劳动力市场上的作用，分析了市场中具有信息优势的个体如何通过"信号传递"将信息可信地传递给处

3 关联交易与盈余管理的理论分析

于信息劣势的个体以实现有效率的市场均衡,从而成功地开拓了信号传递理论研究的领域。

在完全竞争市场条件下,信息是充分的,参与市场交易的每一个主体都拥有完全信息。但现实中没有完全符合经济学意义上的完全竞争市场,有用的信息对大多数交易决策者来说还是一种稀缺的资源。在公司这一组织结构中,管理层相对于企业外部人员拥有更多的关于本企业实际经营状况、现金流和发展前景的私人信息(Private Information)和内部信息(Insider Information)。但是,由于企业外部人员一般是分散的,并不直接参与经营管理或者受制于成本效率原则以及法律、技术等因素的约束,无法亲自获取企业实际生产经营活动的信息。这就产生了管理层与企业外部人员之间的信号传递问题。

但是,相关信息在由管理层向企业外部人员的传递过程中存在着"沟通阻滞"。首先,所有权和经营权的分离使得股东无法观察到企业生产经营的过程,与企业管理层相比,股东只能掌握相对有限的信息。其次,对债权人、中介机构、政府等其他外部信息使用者而言,他们获取的信息也只局限于财务报告披露的那部分。这种信息不对称阻碍了信息的交流和沟通,从而造成了"沟通阻滞",即管理层不能向其他利益相关者传递全部私人信息,或者管理层向信息需求者传递了不正确的信息。[1]

一方面,管理层主动向外部人传递有价值的私人信息或内部信息,实现管理层与其他利益相关者的共赢;但另一方面,管理层可能会尽力掩盖那些对自己不利的信息,以通过牺牲其他相关者的利益来为自己谋取私利。"沟通阻滞"为管理层进行盈余管理行为提供了机会。

3.3 关联交易与盈余管理

交易成本理论认为,公司的最优组织结构是由其制度背景决定的,不同的制度背景意味着不同的交易费用,在确定资源配置的最佳方式时,必须考虑到交易的费用即交易成本,只有当一种制度安排所产生的

---

[1] 张祥建、徐晋、郭岚:《企业盈余管理存在原因的理论分析》,载《软科学》,2004(5)。

收益大于它所需要的交易成本时，这种制度安排才是可能的，因此，一切组织制度存在的合理性都取决于它能否将交易成本降到最低限度。当企业完成一笔交易所耗费的组织交易的成本小于通过市场进行这笔交易所耗费的直接定价成本时，企业就会产生并取代市场来协调生产。① 根据交易成本理论的观点，企业集团内部组织的专业分工和协作可以大大节约信息收集费用和市场交易费用，提高企业内部经济运行效率。根据交易成本理论的观点，关联交易是经济主体可供备选的一种方式，它是以产权保护机制不完善、不确定性较强为特征的新兴市场较优的制度安排（Cook，1977；Fisman 和 Khanna，1988），尤其当交易具有资产高度专用、重复发生、不确定程度高等特征时，实行纵向一体化的治理方式是最优的选择（Williamson，1975）。② 纯粹的外部市场交易过程中存在着种种巨大的经营风险和交易成本，当利用外部市场交易的交易成本大于企业集团内部成员之间的资源配置所发生的组织成本时，集团内部成员之间的交易即关联交易将最大限度地取代外部市场交易。依靠控制、共同控制或施加重大影响，关联方之间的内部行政力量可以确保合同的履行，因此，关联交易的信息搜寻、谈判、签约和执行等成本较外部市场交易更低（Coase，1937；Fisman 和 Khanna，1998；Khanna 和 Palepu，1997，2000）。而且，企业集团之间进行交易，可以避免技术优势的丧失和商业秘密的扩散，降低企业的经营风险，因为关联方关系的存在，使得他们可以不受外部不利市场环境的影响。如果上市公司进行关联交易纯粹是基于降低交易成本和经营风险的目的，那么，在这种情况下，关联交易与盈余管理不相关。

但是，正由于关联交易脱离了交易双方之间相互讨价还价的市场，其交易的达成、成交数量、成交金额、付款方式等交易内容都可能受控制方的随意操控，因为远离交易的实际过程再加上关联交易信息披露的不规范（原红旗，1998），使得外部投资者可能对上市公司实施关联交易的目的产生疑虑。

---

① 余永定、张宇燕、郑秉文：《西方经济学》，北京，经济科学出版社，2002。
② 洪剑峭、方军雄：《关联交易和会计盈余的价值相关性》，载《中国会计评论》，2005（6）。

3 关联交易与盈余管理的理论分析

关联交易相对于一般市场交易存在三大特殊性：一是交易主体的复杂性。与上市公司具有某种"关联关系"的关联方的存在是关联交易发生的前提。根据2006年2月中华人民共和国财政部颁布的《企业会计准则第36号——关联方披露》的有关规定，关联方包括该企业的母公司、子公司、受同一母公司控制的其他企业、主要投资者个人和关键管理人员及与其关系密切的家庭成员等，关联方涉及关系达10项之多。二是交易方式的多样性。上市公司与关联方所进行的交易几乎涵盖所有类型的一般市场交易：购买或商品销售、购买或销售商品以外的其他资产、提供或接受劳务、担保、提供资金（贷款或股权投资）、租赁、代理、研究与开发项目的转移、许可协议、代表企业或由企业代表另一方进行债务结算、关键管理人员报酬等。① 三是交易的隐蔽性。关联交易由于是在上市公司与关联方内部间进行的，因此具有一定的隐蔽性，再加上企业会计准则对关联交易信息披露规定存在的诸多不完善，外部人员如上市公司的公众股东等很难了解有关交易尤其是交易公允性的详细内容。

关联交易由于其交易主体的复杂性、交易方式的多样性和交易的隐蔽性，可能成为上市公司进行盈余管理隐蔽而实用的手段。而由于管理层报酬契约和企业债务契约对会计盈余的依赖性，以及管理层与企业外部人员的"沟通阻滞"，管理层为了谋取私人利益，采用关联交易这一手段进行盈余管理的动机可能更为强烈。因此，学术界一些学者指出，基于机会主义观，管理层在特定的动机下可能使用关联交易进行盈余管理，关联交易为上市公司进行盈余管理提供了隐蔽而且实用的手段（Gordon 和 Henry，2003；黄世忠，2001；简立君，2003）。如 Gordon 和 Henry（2005）发现，盈余管理与某些类型的关联交易（如固定利率融资）显著正相关。Aharony 等（2005）的研究结果表明，母公司为帮助企业上市，在 IPO 期间对拟上市企业进行了盈余管理。Jaggi 和 Tsui（2007）对香港上市公司的研究也发现，盈余管理程度与内部人交易呈现出显著正相关的关系，从而表明上市公司管理层为最大化其私人收益，通过内部交易对上市公司的盈余进行操纵。

---

① 中华人民共和国财政部：《企业会计准则第36号——关联方披露》，2006。

3.4　小结

根据契约理论，会计盈余信息在监督和评价管理层的报酬契约和债务契约的实施过程中发挥了重要作用。作为真实会计信息知情者和会计选择执行者的管理层，会通过管理会计盈余数字来影响利益分配，从而谋求私人利益的最大化。

信号理论指出，信号传递过程中管理层与企业外部人员之间存在着"沟通阻滞"，这为管理层进行盈余管理行为提供了更有利的机会。

关联交易作为上市公司与关联方之间发生的转移资源或义务的事项，具有交易主体的复杂性、交易方式的多样性和交易的隐蔽性等特征，这些特征使得关联交易成为上市公司进行盈余管理隐蔽而且实用的手段。而由于管理层报酬契约和企业债务契约对会计盈余的依赖性，以及管理层与企业外部人员的"沟通阻滞"，管理层为了谋取私人利益，通过关联交易这一手段进行盈余管理的动机可能更为强烈。

4 关联交易与盈余管理的初步分析

本章将对关联交易和盈余管理的数据进行描述性统计、单因素分析以及相关分析,以便发现各变量之间的内在规律,为进一步的深入分析提供前提和依据。本章主要回答以下几个问题:(1) 上市公司关联交易和盈余管理的状况如何;(2) 发生关联交易与未发生关联交易的上市公司在盈余管理方面是否存在显著不同;(3) 具有配股、增发、ST、股改等公司特征的上市公司与不具有这些特征的公司的关联交易和盈余管理是否显著不同;(4) 关联交易与盈余管理程度是否相关。

4.1 变量和数据

4.1.1 关联交易变量

按照《企业会计准则第36号——关联方披露》对关联交易类型的划分,本书将关联交易划分为11种类型,具体如表4-1所示。其中,资产重组包括除商品以外的其他资产的交易、资产置换、赠与资产、债务重组、非货币性交易、共同投资等;其他收入包括上市公司代理关联方产品和服务、关联方租赁上市公司资产、上市公司向关联方提供管理方面的合同、上市公司向关联方提供研究与开发项目的转移、上市公司向关联方提供许可协议等;其他支出包括关联方代理上市公司产品和服务、上市公司租赁关联方资产、关联方向上市公司提供管理方面的合同、关联方向上市公司购买研究与开发项目的转移、关联方向上市公司提供许可协议等。

本书使用关联交易金额的自然对数来度量上市公司关联交易的规模。对于上市公司发生的交易币种为外币的关联交易,均将其交易金额换算为人民币。其中,美元、欧元、日元和港元的换算汇率为中国人民银行所公布的年初和年末的基准汇率的平均值;瑞士法郎的换算汇率为汇率中间价(即期现汇买入价和卖出价的平均值)在年初和年末的平均值;对于欧元的换算,由于中国人民银行2002年4月2日起才公布欧元对人民币汇率的价格,所以2002年人民币对欧元的年初基准汇率以2002年4月2日的数据代替。

表4-1 关联交易类型

序号	关联交易类型	简称
1	上市公司向关联方商品购买	商品购买
2	上市公司向关联方商品销售	商品销售
3	上市公司向关联方提供劳务	提供劳务
4	上市公司接受关联方劳务	接受劳务
5	上市公司向关联方提供资金	提供资金
6	关联方向上市公司提供资金	占用资金
7	上市公司向关联方提供担保和抵押	提供担保
8	关联方向上市公司提供担保和抵押	接受担保
9	上市公司与关联方发生资产重组	资产重组
10	其他上市公司作为收入方的交易	其他收入
11	其他上市公司作为支出方的交易	其他支出

4.1.2 盈余管理的计量方法

要研究在经济上具有意义的盈余管理,其前提是估计盈余管理的程度(吴联生和王亚平,2007)。到目前为止,各种实证研究对如何计量盈余管理仍旧存在争议,尚未找到一个十分完美的盈余管理计量方法。总体上,盈余管理计量的方法可以分为以下两大类:

一是应计利润法。该方法用回归模型将企业的总应计利润(Total Accruals, TA)分离为非操纵性应计利润(由于权责发生制与收付实现制确认计量基础差异所自然形成的应计利润数额,以NDA表示)和操纵性应计利润(管理者通过实施盈余管理导致的应计利润数额,以DA

表示），并用操控性应计利润来衡量盈余管理的程度。

二是盈余分布法。该方法从分析所有公司盈余的整体分布着手，通过检查报告盈余在特定水平（阈值）周围的不连续分布来计量盈余管理。盈余分布法的突出优点是，仅仅通过检查盈余的分布就可以鉴别出哪些公司有盈余管理的行为。但是，其缺点也非常明显，因为运用这种方法来计量盈余管理并不能获得关于单个公司进行盈余管理的手段或者程度的信息。

此外，还有一些学者针对我国资本市场与会计的实际情况，对我国上市公司盈余管理的度量采用单一会计指标，如非经常性损益、非主营业务收益率等。李维安等（2005）选择非经营性收益作为盈余管理的指标，他们认为我国资本市场还处于发展阶段，制度相对不够完善，上市公司进行盈余管理的手段更加多样化，通过非经营性活动来操纵利润是我国上市公司一项重要的直接盈余管理手段。Chen 和 Yuan（2004）使用了经行业中位数调整后的非经常性损益作为衡量盈余管理程度的指标。李爽和吴溪（2005）指出，非经常性损益及相关指标是中国证监会在融资审批及其他决策过程中频繁使用的重要财务信息，该信息有助于证券监管机构对上市公司的盈余管理程度作出更准确的评价。

本书探讨关联交易对盈余管理的影响，需要度量每个上市公司的盈余管理程度，因此，本书同时使用应计利润法计算的操纵性应计利润和经行业调整的非经常性损益两个指标来度量上市公司的盈余管理程度，从以上两个方面更加全面地考察上市公司的盈余管理程度。

（1）操纵性应计利润。

应计利润法中有代表性的计量模型主要有：Healy 模型、DeAngelo 模型、Jones 模型、修正的 Jones 模型、行业模型等。Dechow 等（1995）以随机样本并配合仿真操作方式，比较了 Healy 模型、DeAngelo 模型、Jones 模型、修正的 Jones 模型以及行业模型五种检测盈余管理程度的模型，结果发现修正的 Jones 模型的检测能力较好。因此，本书使用修正的 Jones 模型（Dechow 等，1995）计算上市公司的操控性应计利润。

①计算总应计利润。

总应计利润等于净利润减去经营活动现金流量,即

$$TA_t = NA_t - CFO_t \tag{4.1}$$

式中,TA_t是第t年的总应计利润,NA_t是第t年的净利润,CFO_t是第t年的经营现金流量。

② 使用分行业截面数据估计模型参数。

$$TA_t/A_{t-1} = a_1(1/A_{t-1}) + a_2(\Delta REV_t/A_{t-1}) + a_2(PPE_t/A_{t-1}) + \varepsilon_t \tag{4.2}$$

式中,A_{t-1}表示第$t-1$年末的总资产,所有变量都经过$t-1$年末总资产进行标准化处理,以消除公司规模差异造成的影响,ΔREV_t表示第t年的主营业务收入增加额,PPE_t表示第t年的固定资产,a_1、a_2和a_3分别是模型参数,ε_t是误差项。

由于我国上市公司存续时间较短,缺乏足够的时间序列数据来保证参数估计的有效性,因此,本书使用基于行业分类的横截面修正的 Jones 模型进行回归。国内外实证研究也普遍表明,基于行业分类的横截面修正的 Jones 模型比时间序列模型在衡量盈余管理方面具有更好的效果(Dechow 等,1995;Bartov 等,2000;夏立军,2002)。其中,行业分类的标准参照 CSRC 行业分类,即中国证监会在 1998 年制定的《中国上市公司行业分类指引》,而且,鉴于中国上市公司样本数量较少,分类时只考察各门类和门类中制造业的下次类(剔除金融类上市公司)。[①] 若当年某行业用来估计修正的 Jones 模型的样本公司数少于10个,则将该行业的公司合并到其他最类似的行业。

③ 根据以上所求得的参数a_1、a_2和a_3计算非操纵性应计利润。

$$NDA_t/A_{t-1} = a_1(1/A_{t-1}) + a_2[(\Delta REV_t - \Delta REC_t)/A_{t-1}] + a_3(PPE_t/A_{t-1}) \tag{4.3}$$

式中,NDA_t表示第t年的非操纵性应计利润,ΔREV_t表示第t年的主营业务收入增加额,ΔREC_t表示第t年的应收账款增加额,PPE_t表示第t年的固定资产。

④ 用经总资产调整的总应计利润减去非操纵性应计利润,得到代表

[①] 由于制造业的行业分类过于笼统,公司数目又较多,为保证盈余管理计量的准确性,本书又对制造业作了进一步的细分,考察制造业的下次类。

操纵性应计利润 DA_t。

$$DA_t = TA_t/A_{t-1} - NDA_t/A_{t-1} \qquad (4.4)$$

本书借鉴 Frankel 等（2002）、Chung 和 Kallapur（2003）、Bergstresser 和 Philippon（2006）、Bozec（2008）等的做法，使用操控性应计利润的绝对值衡量上市公司的盈余管理程度。

（2）经行业调整的非经常性损益。

2001年1月15日中国证监会颁布的《公开发行证券的公司信息披露规范问答第1号——非经常性损益》规定，非经常性损益是指公司发生的与主营业务和其他经营业务无直接关系，以及虽与主营业务和其他经营业务相关，但由于该交易或事项的性质、金额和发生频率，影响了正常反映公司经营、盈利能力的各项交易、事项产生的损益。也就是说，非经常性损益的概念不等同于非经营性损益，非经常性损益一方面度量了与公司生产经营无直接联系的相关领域，但也有可能与生产经营活动有关。如在关联交易中，若公司关联方以高于市场的价格购买上市公司生产的产品或者以低于市场的价格向上市公司供应原材料，按照《公开发行证券的公司信息披露规范问答第1号——非经常性损益》的规定，由于按照非公允的价格进行关联交易所获取的利润并不是公司在正常的经营活动中可以获取的利润，应该计入公司的非经常性损益。基于以上分析，本书在考察关联交易与盈余管理关系时，将经行业调整的非经常性损益作为盈余管理程度的另一度量指标。

借鉴 Chen 和 Yuan（2004）、沈玉清（2009）等的做法，经行业调整的非经常性损益的计算方法为：首先计算该公司所在行业的非经常性损益的中位数，再将该公司的非经常性损益与行业中位数相减并取绝对值，即得到该公司经行业中位数调整的非经常性损益（以下简称非经常性损益 ENOI）。

4.1.3 样本和数据

本书选取 2002~2008 年在上海证券交易所和深圳证券交易所上市的所有 A 股公司作为样本，并根据以下原则进行剔除：

（1）剔除金融类上市公司；

(2) 剔除当年上市的公司；

(3) 剔除全年暂停交易的上市公司；

(4) 继续剔除数据异常的该笔关联交易，有以下三种情况：①数据缺省，而在数据库中以 -95 代替的；②交易金额为负数，例如本期采购货物中因质量问题而退回上期采购的商品，交易金额为负数；③2006~2008 年，CCER 数据库中未标明类型的关联交易。

对于计算盈余管理所需财务指标和控制变量中的缺失字段，本书的处理方法是以非缺失字段的平均值（虚拟变量则是以中位数）来代替缺失值。

本书除非经常性损益这一指标的数据来源于国泰安 CSMAR 数据库系统外，其余所有数据均来自于北京色诺芬信息服务有限公司的 CCER 中国证券市场数据库系统，所有统计与计量分析均使用 STATA10 软件。

4.2 描述性统计

4.2.1 关联交易和盈余管理的描述性统计

本书对 2002~2008 年所有样本公司发生的关联交易及其各种类型，以及盈余管理程度进行了描述性统计，结果如表 4-2 所示。单个上市公司发生关联交易的平均金额为 27.4931 亿元，单个公司发生全部关联交易的金额最高达 53 172.8300 亿元。在各类型关联交易中，单个公司发生金额最高的类型是接受担保，为 53 156.4600 亿元，不仅如此，接受担保这一类型关联交易的平均值也是所有类型中最高的，这说明我国上市公司接受关联方担保抵押的规模是巨大的。均值排在第二位的关联交易类型是资金占用，其次是商品购买和商品销售。可以看出，我国上市公司与关联方之间发生的交易中，不仅担保抵押、资金占用等属于线下项目的交易比较频繁，而且属于线上项目的往来也较多。上市公司操纵性应计利润的平均值为 0.0470，其最大值则高达 71.1472，经行业调整的非经常性损益平均为 0.0042，最大为 3.2334，可见，我国上市公司盈余管理现象非常普遍且程度较高。

4 关联交易与盈余管理的初步分析

表4-2   关联交易和盈余管理程度的描述性统计

项目	样本数量	平均值	标准误	最小值	最大值
全部交易	9 036	27.4931	766.7798	0	53 172.8300
商品购买	9 036	2.5392	16.4710	0	644.4000
商品销售	9 036	2.4729	24.4855	0	1 450.0000
提供劳务	9 036	0.4329	25.6726	0	2 426.8600
接受劳务	9 036	0.4843	7.7486	0	541.2100
提供资金	9 036	0.7821	27.9525	0	1 860.0000
占用资金	9 036	5.5783	434.7721	0	41 100.0000
提供担保	9 036	0.4682	4.4227	0	272.3800
接受担保	9 036	12.0802	604.0395	0	53 156.4600
资产重组	9 036	0.9214	38.7758	0	3 650.0000
其他收入	9 036	0.2335	10.1925	0	955.8022
其他支出	9 036	1.5001	87.5303	0	7 720.2060
操纵性应计利润	9 036	0.0470	79.7007	0	71.1472
非经常性损益	9 036	0.0042	0.0494	0	3.2334

4.2.2 按是否发生关联交易划分的子样本的描述性统计

本书将全部样本按关联交易及其各种类型发生与否划分为两个子样本，观测各子样本的盈余管理程度的不同，结果分别如表4-3和表4-4所示。

表4-3表明，发生关联交易子样本的操纵性应计利润平均为0.0479，未发生的为0.0419，即发生关联交易的子样本的操纵性应计利润明显大于未发生关联交易的子样本，说明发生关联交易的上市公司盈余管理程度更高。除商品购买和提供担保这两种类型外，对于以下9种类型的关联交易：商品销售、提供劳务、接受劳务、提供资金、占用资金、接受担保、资产重组、其他收入和其他支出，发生关联交易的子样本的操纵性应计利润均明显大于未发生关联交易的子样本。

表4-3　　　　　按是否发生关联交易划分子样本的
　　　　　　　　操纵性应计利润的描述性统计

项目	发生关联交易		未发生关联交易	
	样本数量	平均值	样本数量	平均值
全部交易	7 694	0.0479	1 342	0.0419
商品购买	4 438	0.0348	4 598	0.0587
商品销售	4 438	0.0505	4 598	0.0436
提供劳务	1 652	0.0599	7 384	0.0441
接受劳务	3 014	0.0506	6 022	0.0451
提供资金	763	0.1453	8 273	0.0379
占用资金	844	0.0717	8 192	0.0444
提供担保	1 579	0.0413	7 457	0.0482
接受担保	3 345	0.0543	5 691	0.0427
资产重组	2 715	0.0706	6 321	0.0368
其他收入	2 393	0.0861	6 643	0.0328
其他支出	3 863	0.0716	5 173	0.0286

表4-4显示，发生关联交易子样本的非经常性损益与未发生关联交易子样本的平均值差异不是很大。但是，除商品销售、提供担保、接受担保外，发生商品购买、提供劳务、接受劳务、提供资金、占用资金、资产重组、其他收入和其他支出这八种关联交易类型子样本的非经常性损益明显大于未发生的子样本，这在一定程度上表明上述关联交易类型的发生可能会使盈余管理程度增加。这也证明了本书将关联交易进行细分的必要性。

表4-4　　　　　按是否发生关联交易划分子样本的
　　　　　　　　非经常性损益的描述性统计

项目	发生关联交易		未发生关联交易	
	样本数量	平均值	样本数量	平均值
全部交易	7 694	0.0041	1 342	0.0044
商品购买	4 438	0.0048	4 598	0.0036
商品销售	4 438	0.0035	4 598	0.0048

4 关联交易与盈余管理的初步分析

续表

项目	发生关联交易		未发生关联交易	
	样本数量	平均值	样本数量	平均值
提供劳务	1 652	0.0061	7 384	0.0037
接受劳务	3 014	0.0057	6 022	0.0034
提供资金	763	0.0058	8 273	0.0040
占用资金	844	0.0065	8 192	0.0039
提供担保	1 579	0.0040	7 457	0.0042
接受担保	3 345	0.0028	5 691	0.0050
资产重组	2 715	0.0043	6 321	0.0041
其他收入	2 393	0.0069	6 643	0.0032
其他支出	3 863	0.0052	5 173	0.0034

4.2.3 按不同公司特征划分的子样本的描述性统计

国内学者的研究发现，中国上市公司为迎合政府监管，在首次公开发行、增发配股、面临亏损、股权分置改革等过程中表现出的盈余管理动机更为强烈。因此，本书从盈余管理的动机角度，将全部样本分别按照上市公司是否配股、增发、被特别处理以及股权分置改革划分为子样本，探讨这些公司特征下关联交易与盈余管理程度的差异。

本书将全部样本按照在下一年度配股与否划分为两个子样本，观察实行配股的公司与未实行配股的公司关联交易及盈余管理程度的不同，具体如表4-5所示。2002~2008年的全部样本公司中，在下一年度实行配股的公司数仅为72，未配股公司为8 964。在下一年度配股的公司发生的全部关联交易的平均值是18.0689，而未配股公司为16.0838，即下一年度配股公司发生的关联交易总额大于未配股公司。另外，配股公司发生的以下类型的关联交易规模均大于未配股公司：商品购买、商品销售、提供劳务、接受劳务、提供担保、接受担保、资产重组、其他收入、其他支出。下一年度配股公司的操纵性应计利润和非经常性损益分别为0.0717和0.0042，均大于未配股公司的水平，说明下一年度实行配股的上市公司的盈余管理程度相对于未配股公司较高。

表4-5 按是否在下一年度配股划分的子样本的描述性统计

项目	配股公司		未配股公司	
	样本数量	平均值	样本数量	平均值
全部交易	72	18.0689	8 964	16.0838
商品购买	72	10.5540	8 964	8.5357
商品销售	72	9.8891	8 964	8.4517
提供劳务	72	3.2510	8 964	2.8383
接受劳务	72	6.9856	8 964	5.3255
提供资金	72	0.7370	8 964	1.4549
占用资金	72	1.2488	8 964	1.6408
提供担保	72	4.0121	8 964	3.1466
接受担保	72	8.9863	8 964	6.9967
资产重组	72	6.7541	8 964	5.1200
其他收入	72	4.9168	8 964	3.9459
其他支出	72	9.1663	8 964	6.4390
操纵性应计利润	72	0.0717	8 964	0.0468
非经常性损益	72	0.0042	8 964	0.0022

按照是否在下一年度增发新股划分的两个子样本的描述性统计结果如表4-6所示。可以看出，在下一年度增发新股的上市公司数为345，未增发公司数为8 691。在下一年度增发的上市公司发生的全部关联交易的平均规模为17.5960，大于未增发公司16.0402的水平。不仅如此，实行增发新股的上市公司发生的所有11种类型的关联交易：商品购买、商品销售、提供劳务、接受劳务、提供资金、占用资金、提供担保、接受担保、资产重组、其他收入、其他支出的规模均远超过未增发公司的水平。在盈余管理程度方面，在下一年度增发新股公司的操纵性应计利润的平均值为0.2683，未增发公司的为0.0382，增发公司的操纵性应计利润大于未增发公司的水平；而且，增发公司的非经常性损益平均值为0.0043，也远大于未增发公司0.0018的水平。因此，在下一年度增发新股的上市公司的盈余管理程度大于未增发公司。

4 关联交易与盈余管理的初步分析

表4-6 按是否在下一年度增发新股划分的子样本的描述性统计

项目	增发公司		未增发公司	
	样本数量	平均值	样本数量	平均值
全部交易	345	17.5960	8 691	16.0402
商品购买	345	9.4730	8 691	8.5152
商品销售	345	8.5399	8 691	8.4601
提供劳务	345	4.0878	8 691	2.7922
接受劳务	345	7.4084	8 691	5.2566
提供资金	345	1.9119	8 691	1.4308
占用资金	345	2.0764	8 691	1.6202
提供担保	345	3.4874	8 691	3.1403
接受担保	345	9.3998	8 691	6.9178
资产重组	345	5.1440	8 691	5.1326
其他收入	345	3.9871	8 691	3.9523
其他支出	345	7.2238	8 691	6.4305
操纵性应计利润	345	0.2683	8 691	0.0382
非经常性损益	345	0.0043	8 691	0.0018

表4-7是按照上市公司是否被ST划分的两个子样本的描述性统计结果。2002~2008年，被ST的上市公司数为842，未被ST的公司数为8 194。被ST公司发生的全部关联交易的平均值为16.2656，大于未被ST公司的平均规模。在各类型的关联交易中，被ST公司发生的商品购买、商品销售、提供劳务、接受劳务、接受担保、资产重组、其他收入、其他支出这8种类型的平均规模均大于未被ST的上市公司。被ST的上市公司的操纵性应计利润和非经常性损益的平均值均大于未被ST公司的水平。

表4-7 按是否被ST划分的子样本的描述性统计

项目	被ST公司		未被ST公司	
	样本数量	平均值	样本数量	平均值
全部交易	842	16.2656	8 194	14.4845
商品购买	842	8.8023	8 194	6.1135

续表

项目	被ST公司		未被ST公司	
	样本数量	平均值	样本数量	平均值
商品销售	842	8.7417	8 194	5.7522
提供劳务	842	2.9572	8 194	1.7166
接受劳务	842	5.6375	8 194	2.4314
提供资金	842	1.4417	8 194	1.5218
占用资金	842	1.5558	8 194	2.4342
提供担保	842	3.1489	8 194	3.1985
接受担保	842	7.1485	8 194	5.6899
资产重组	842	5.2297	8 194	4.1923
其他收入	842	4.0790	8 194	2.7340
其他支出	842	6.7290	8 194	3.8500
操纵性应计利润	842	0.0500	8 194	0.0174
非经常性损益	842	0.0043	8 194	0.0042

表4-8是按照是否在下一年度实行股权分置改革划分的两个子样本的描述性统计结果，表中数据显示，实行股改的上市公司数为1 220，未股改公司数为7 816。在下一年度实行股权分置改革的公司发生的全部关联交易的平均值是17.5421，大于未股改公司15.8745的水平。在各类型关联交易中，股改公司发生商品购买、商品销售、接受劳务、接受担保、资产重组、其他收入的规模大于未股改公司。不仅如此，股改公司的操纵性应计利润的平均值为0.0510，大于非股改公司的水平，但股改公司的非经常性损益水平小于非股改公司。

表4-8　　　　按是否在下一年度实行股权分置改革划分的
子样本的描述性统计

项目	股改公司		未股改公司	
	样本数量	平均值	样本数量	平均值
全部交易	1 220	17.5421	7 816	15.8745
商品购买	1 220	9.1180	7 816	8.4634
商品销售	1 220	9.0892	7 816	8.3654

4 关联交易与盈余管理的初步分析

续表

项目	股改公司		未股改公司	
	样本数量	平均值	样本数量	平均值
提供劳务	1 220	2.7861	7 816	2.8503
接受劳务	1 220	5.9257	7 816	5.2472
提供资金	1 220	1.2061	7 816	1.4871
占用资金	1 220	1.4580	7 816	1.6657
提供担保	1 220	2.9348	7 816	3.1877
接受担保	1 220	7.3085	7 816	6.9664
资产重组	1 220	5.5932	7 816	5.0612
其他收入	1 220	4.3077	7 816	3.8984
其他支出	1 220	6.4585	7 816	6.4611
操纵性应计利润	1 220	0.0510	7 816	0.0209
非经常性损益	1 220	0.0137	7 816	0.0528

4.3 单因素方差分析

4.3.1 按是否发生关联交易划分的子样本的单因素分析

为检验发生关联交易及其各种类型的子样本与未发生关联交易的子样本的盈余管理程度是否存在显著差异，本书使用了单因素方差分析的方法。根据不同的数据分布特征，单因素方差分析的方法也是不一样的。如果数据呈正态性分布，可以使用参数检验；如果数据呈非正态性分布，则需要使用非参数检验方法——秩和检验（Ranksum Test），对于两样本的秩和检验，需采用 Wilcoxon 非配对法。因此，首先需要对各子样本数据进行正态性检验。

本书使用 Shapiro - Francia 正态性检验方法，分别检验了关联交易及其各种类型发生与否的子样本的分布形态，检验结果如表 4 - 9 所示。

可以看出，无论是发生全部关联交易和各种类型关联交易的子样本，还是未发生关联交易或各种类型的子样本，其正态性检验的 p 值均小于5%，因此，所有子样本均拒绝正态性分布的原假设。

表 4-9　　　　　Shapiro – Francia 正态性检验的 p 值
（按是否发生关联交易划分的子样本）

项目	发生关联交易	未发生关联交易
全部交易	0.0104	0.0000
商品购买	0.0000	0.0000
商品销售	0.0000	0.0000
提供劳务	0.0000	0.0066
接受劳务	0.0000	0.0003
提供资金	0.0000	0.0209
占用资金	0.0000	0.0191
提供担保	0.0000	0.0074
接受担保	0.0000	0.0001
资产重组	0.0000	0.0008
其他收入	0.0000	0.0017
其他支出	0.0000	0.0000

表 4-10 显示了分别对发生关联交易与未发生关联交易子样本的操纵性应计利润与非经常性损益水平的差异进行秩和检验的 p 值。可以看出，对于操纵性应计利润水平的差异，Wilcoxon 非配对法的结果表明，无论是全部关联交易，还是各种类型的关联交易，Wilcoxon 检验的 Prob. > |z| 均小于 5%；对于非经常性损益水平的差异，除提供劳务和资产重组外，Wilcoxon 检验的 Prob. > |z| 也均小于 5%。结合表 4-3 和表 4-4 中按是否发生关联交易划分的子样本的描述性统计，可以发现，对于发生全部交易及绝大多数类型关联交易的上市公司，其盈余管理程度显著大于未发生关联交易的上市公司。

4 关联交易与盈余管理的初步分析

表 4-10　　　　　　　　　Wilcoxon 检验结果
（按是否发生关联交易划分的子样本）

项目	操纵性应计利润的差异	非经常性损益的差异
全部交易	***	***
商品购买	***	***
商品销售	***	***
提供劳务	***	—
接受劳务	***	***
提供资金	***	***
占用资金	***	***
提供担保	***	***
接受担保	***	***
资产重组	***	
其他收入	***	***
其他支出	***	***

注：*** 表示 p 值 <0.01；— 表示 p 值 ≥ 0.1，即检验结果不显著。

4.3.2　按不同公司特征划分的子样本的单因素分析

本书接着对按照是否配股、是否增发、是否被 ST、是否股改这四个公司特征划分的子样本进行了秩和检验，探讨不同子样本所发生的关联交易和盈余管理程度是否存在显著差异，结果如表 4-11 所示。

表 4-11　Wilcoxon 检验结果（按不同公司特征划分的子样本）

项目	是否配股	是否增发	是否被 ST	是否股改
全部交易	***	***	***	***
商品购买	**	**	***	**
商品销售	*	—	***	**
提供劳务	—	***	***	—
接受劳务	*	***	***	***
提供资金	—	*	—	*
占用资金	—	*	***	—

续表

项目	是否配股	是否增发	是否被 ST	是否股改
提供担保	—	—	—	—
接受担保	**	***	***	—
资产重组	*	—	***	*
其他收入	—	—	***	*
其他支出	***	**	***	—
操纵性应计利润	*	***	***	***
非经常性损益	*	***	***	***

注：***表示 p 值 <0.01；**表示 p 值 <0.05；*表示 p 值 <0.1；—表示 p 值 ≥ 0.1，即检验结果不显著。

在下一年度配股与否的两个子样本中，全部交易、商品购买、商品销售、接受劳务、接受担保、资产重组、其他支出的发生规模以及盈余管理程度都存在显著的差异。结合表 4-5 的描述性统计，可以看出，在下一年度配股的上市公司发生的全部交易、商品购买、商品销售、接受劳务、接受担保、资产重组、其他支出的规模均显著高于未配股公司的规模，不仅如此，配股公司的盈余管理程度也显著高于未配股公司的盈余管理程度。

在下一年度增发与否的两个子样本中，全部交易、商品购买、提供劳务、接受劳务、提供资金、占用资金、接受担保、其他支出以及盈余管理程度均存在显著的差异。结合表 4-6 的描述性统计，下一年度增发的上市公司发生的全部关联交易以及上述类型的交易规模均显著大于未增发公司的规模，且下一年度增发公司的盈余管理程度也显著高于未增发公司的盈余管理程度。

在是否被 ST 划分的两个子样本中，全部交易、商品购买、商品销售、提供劳务、接受劳务、占用资金、接受担保、资产重组、其他收入、其他支出以及盈余管理程度均存在显著的差异。结合表 4-7 的描述性统计，被 ST 的上市公司发生的全部交易以及商品购买、商品销售、提供劳务、接受劳务、接受担保、资产重组、其他收入、其他支出的平均规模均显著大于未被 ST 的公司。而且，被 ST 公司的盈余管理程度也显著地大于未被 ST 的上市公司。

4 关联交易与盈余管理的初步分析

是否在下一年度实行股权分置改革划分的两个子样本中，全部交易、商品购买、商品销售、接受劳务、提供资金、资产重组、其他收入以及盈余管理程度都存在显著的差异。结合表4-8的描述性统计，在下一年度实行股权分置改革的公司发生的全部交易、商品购买、商品销售、接受劳务、资产重组、其他收入的规模显著地大于未股改的上市公司。不仅如此，在下一年度实行股改公司的操纵性应计利润水平也显著地大于未发生股改的上市公司。

4.4 相关分析

使用Spearman相关分析方法对关联交易与盈余管理程度的相关分析结果如表4-12所示。可以看出，全部关联交易的规模不仅与操纵性应计利润显著正相关，而且与非经常性损益显著正相关。包括商品购买、商品销售、提供劳务、接受劳务、提供资金、占用资金、提供担保、接受担保、资产重组、其他收入、其他支出的所有类型均与操纵性应计利润显著正相关。在各类型关联交易与非经常性损益的相关关系方面，除商品购买、提供劳务、接受劳务、接受担保和其他支出与非经常性损益无显著关系外，商品销售、提供资金、占用资金、提供担保、资产重组、其他收入这些类型关联交易的金额均与非经常性损益呈现出显著正相关的关系。

表4-12 关联交易与盈余管理程度的相关分析结果

关联交易类型	操纵性应计利润	非经常性损益
全部交易	0.2402*	0.0612*
商品购买	0.1126*	-0.0074
商品销售	0.0917*	0.0305*
提供劳务	0.0972*	-0.0133
接受劳务	0.1264*	-0.0165
提供资金	0.0407*	0.0629*
占用资金	0.0527*	0.0497*
提供担保	0.0488*	0.0478*

续表

关联交易类型	操纵性应计利润	非经常性损益
接受担保	0.0858*	−0.0098
资产重组	0.0600*	0.0211*
其他收入	0.0572*	0.0495*
其他支出	0.1025*	−0.0019

注：*表示在5%的水平上显著相关。

综上所述，上市公司发生的全部关联交易以及商品销售、提供资金、占用资金、提供担保、资产重组、其他收入的规模与以操纵性应计利润和非经常性损益衡量的盈余管理程度显著正相关。

4.5 小结

本章对关联交易和盈余管理的数据进行描述性统计、单因素分析，并就关联交易与盈余管理的关系进行了初步分析，得出以下主要结论。

（1）关联交易与盈余管理的描述性统计结果显示：上市公司关联交易的规模普遍较大，而且，在各类型关联交易中，接受担保的发生金额最高，其次是资金占用，再次是商品购买和销售，因此，我国上市公司与关联方之间发生的交易中，不仅担保抵押、资金占用等属于线下项目的交易比较频繁，而且属于线上项目的往来也较多。在盈余管理程度方面，我国上市公司盈余管理现象非常普遍且程度较高。

（2）按是否发生关联交易划分的子样本的描述性统计和单因素分析结果表明：发生全部关联交易及绝大多数类型关联交易的上市公司，其盈余管理程度显著大于未发生关联交易的上市公司，这在一定程度上表明关联交易的发生规模可能会影响到盈余管理程度。

（3）按不同公司特征划分的子样本的描述性统计和单因素分析结果表明：发生配股、增发、被ST、股改等公司特征的上市公司与不具有这些特征公司的关联交易和盈余管理程度存在显著不同。在下一年度配股、增发的上市公司发生的全部关联交易和绝大多数类型交易的规模、盈余管理程度均显著高于未配股、未增发的公司；被ST的上市公司发生的关联交易和盈余管理程度均显著大于未被ST的上市公司的水平;在下一年度实行股权分置改革的公司发生的全部关联交易和绝大多数类型交易的规模、操纵性应计利润水平显著地大于未股改的上市公司。

(4)关联交易与盈余管理的相关分析结果显示:上市公司发生的全部关联交易以及商品销售、提供资金、占用资金、提供担保、资产重组、其他收入的规模与盈余管理程度显著正相关。

5 关联交易与盈余管理的实证分析

本书第 4 章对关联交易与盈余管理的初步分析结果表明，上市公司关联交易的发生规模可能会影响到盈余管理程度，而且，实行配股、增发、被 ST、股改的公司与不具有这些特征的公司所发生的关联交易和盈余管理程度也存在显著差异。因此，为探讨上市公司关联交易及其各种类型对盈余管理的影响，本章首先提出研究假设，接着建立模型分析关联交易与盈余管理的关系，在此基础上，从盈余管理动机的角度分析是否配股、增发、被 ST、股改等公司特征对关联交易和盈余管理关系的影响，最后得出相关结论。

5.1 研究假设

20 世纪 90 年代以来，随着上市公司关联交易所引发的财务丑闻不断出现，国内外学者开始关注关联交易行为，他们对关联交易的最初探讨主要集中在其支持和"掏空"动机上。根据交易成本理论的观点，关联交易的信息搜寻、谈判、签约和执行等成本较外部市场交易更低。而且，企业集团之间进行交易，可以避免技术优势的丧失和商业秘密的扩散，降低企业的经营风险。但是，更多学者认为，现如今的关联交易行为更多地体现为"掏空"上市公司的手段，而非支持上市公司。如 La Porta 等（2000 和 2002）、Johnson 等（2000）、Jian 和 Wong（2006）指出，由于关联交易的交易主体之间具有特定的关系，控股股东通常将关联交易作为其转移资产和利润、进行"掏空"上市公司的手段选择，不仅在法律制度较薄弱、对投资者利益保护较差的国家，即使是在法律制度完善的发达国家，这一现象也很普遍。

近年来，一系列财务舞弊案件显示，上市公司开始运用关联交易进行盈余管理,如"安然事件"、戴尔业绩造假案、达尔曼事件、云南铜业财务丑闻等。一些学者指出,关联交易作为上市公司与关联方之间发生的转移资源或义务的事项,其主体间具有特定的利益关系,关联交易更易于被上市公司用来实现盈余管理的目的。因此,基于机会主义观,管理层在特定的动机下可能使用关联交易进行盈余管理(Gordon 和 Henry,2003;黄世忠,2001;简立君,2003)。基于以上分析,本书提出假设5.1:关联交易与盈余管理程度显著正相关。

已有研究发现,计入线下项目的股权交易、资产重组等被称为利润的快速操纵武器(Haw 等,2005;邵军和边泓,2005),如关联交易中的股权交易、资产交易就可能更容易被上市公司用来进行盈余管理。但是,现阶段,监管层对线下项目的盈余管理的监督力度越来越大,如中国证监会2001年发布的《上市公司新股发行管理办法》和2002年颁布的《关于上市公司增发新股有关条件的通知》中就规定:上市公司申请配股和申请增发新股,上市公司的加权平均净资产收益率ROE应以扣除非经常性损益后的净利润与扣除前的净利润两者中较低者作为ROE的计算依据。与此同时,投资者"看穿"上市公司线下项目盈余管理行为的能力逐渐提高。从这一角度出发,作为线下项目的部分关联交易类型可能对盈余管理影响不大,如 Jian 和 Wong(2006)认为,近年来盈余管理的手段已经开始从线下项目向线上项目转移。基于此,本书提出假设5.2:属于线上项目的关联交易类型显著提高盈余管理程度,属于线下项目的关联交易类型对盈余管理程度影响不大。

5.2 研究方法

5.2.1 关联交易与盈余管理的回归模型

为检验上市公司关联交易对盈余管理程度的影响,本书建立如下回归方程。

$$EM = \alpha_0 + \alpha_1 RPT_i + \alpha_2 Leverage + \alpha_3 \Delta Sales + \alpha_4 Accounting + \alpha_5 Auditing + \sum_{i=1}^{6} \beta_i Year_i + \varepsilon \qquad (5.1)$$

式中，EM 代表盈余管理程度；RPT_i 代表关联交易及其各种类型的发生规模；Leverage 代表反映公司财务杠杆的指标资产负债率；ΔSales 代表反映公司成长性的指标营业收入增长率；Accounting 代表反映会计师事务所特征的虚拟变量，如果负责公司年度报告审计的会计师事务所为国际四大会计师事务所，则取 1，否则取 0；Auditing 代表反映上市公司年度报告审计意见类型的虚拟变量，公司年度财务报告被会计师事务所出具了非标准审计意见时取 1，其他取 0；$Year_i$ 代表以 2002 年为基准年度设置的 2003～2008 年的 6 个年度虚拟变量；α_0 代表截距项；$\alpha_1 \cdots \alpha_5$、$\beta_1 \cdots \beta_6$ 代表系数；ε 是残差。

5.2.2 加入公司特征后关联交易与盈余管理的回归模型

第 4 章的描述性统计和单因素分析的结果表明，上市公司是否配股、增发、被特别处理以及股改这四个层面的因素均对关联交易和盈余管理程度有影响，而且，已有学者发现，与国外上市公司盈余管理的动机有所不同，国内上市公司迎合政府监管的动机是最为强烈的，上市公司在首次公开发行、增发配股之前、被 ST 之后以及股改前具有较强的盈余管理动机。因此，本书建立如下方程，从盈余管理动机的角度出发，探讨上市公司是否配股、是否增发、是否被特别处理以及是否股改的特征对关联交易和盈余管理关系的影响。

$$EM = \alpha_0 + \alpha_1 RPT + \alpha_2 D_{PG} \times RPT + \alpha_3 D_{ZF} \times RPT + \alpha_4 D_{ST} \times RPT$$
$$+ \alpha_5 D_{GZ} \times RPT + \alpha_6 Leverage + \alpha_7 \Delta Sales$$
$$+ \alpha_8 Accounting + \alpha_9 Auditing + \sum_{i=1}^{6} \beta_i Year_i + \varepsilon \quad (5.2)$$

式中，EM 代表盈余管理程度；RPT 代表上市公司发生的全部关联交易的规模；D_{PG} 代表上市公司是否在下一年度配股的虚拟变量；D_{ZF} 代表上市公司是否在下一年度增发的虚拟变量；D_{ST} 代表上市公司是否被特别处理的虚拟变量；D_{GZ} 代表上市公司是否在下一年度实行股权分置改革的虚拟变量；Leverage 代表反映公司财务杠杆的指标资产负债率；ΔSales 代表反映公司成长性的指标营业收入增长率；Accounting 代表反映会计师事务所特征的虚拟变量，Auditing 代表反映上市公司年度报告审计意见类型的虚拟变量；$Year_i$ 代表第 i 个年度虚拟变量；α_0 代表截距项；$\alpha_1 \cdots \alpha_9$、$\beta_1 \cdots \beta_6$ 代表系数；ε 是残差。

本书将发生全部关联交易及其各类型的上市公司分别用固定效应和随机效应模型对方程（5.1）和方程（5.2）进行了估计，并对估计产生的两个残差序列进行了面板间异方差和同步相关分析，发现模型的残差都存在异方差，且残差间存在很强的组间相关性。因此，固定效应和随机效应模型均不适合用来估计方程（5.1）和方程（5.2）。

为了获得有效的估计，本书使用 Beck 和 Katz（1995）的 PCSE（Panel – Corrected – Standard – Errors，面板校正标准误）方法进行估计。PCSE 方法可以用来处理复杂的误差结构。面板数据有三种误差相关结构：（1）同步相关，即在一个给定时刻，共同的冲击会影响所有的单位；（2）面板数据异方差，即不同单位之间由于特征不同而存在异方差；（3）序列相关，一个单位内部的序列相关性。在存在上述复杂误差结构的情况下，OLS 不是 BLUE 估计量，而常使用 FGLS（Feasible GLS）方法进行校正。Beck 和 Katz（1995）发现，估计的变量较多时 FGLS 方法的统计特性并不好，故提出 PCSE 方法，该方法可以得到比 FGLS 方法更可靠的对标准误的估计。PCSE 估计法是面板数据模型估计方法的一个创新，影响较大，在估计面板数据模型的文献中得到了广泛的应用。[①]

5.3　研究结果

5.3.1　关联交易与盈余管理的回归结果

（1）使用操纵性应计利润指标的回归结果。

本书使用操纵性应计利润作为盈余管理程度衡量指标，对方程（5.1）进行 PCSE 回归的结果显示，全部关联交易的系数显著为正，表明上市公司发生的全部关联交易的规模越大，操纵性应计利润越高（见表 5–1）。除资产重组、其他收入这两种关联交易类型外，商品购买、商品销售、提供劳务、接受劳务、提供资金、占用资金、提供担

---

① 李辉：《经济增长与对外投资大国地位的形成》，载《经济研究》，2007（2）。

保、接受担保、其他支出的金额均与操纵性应计利润显著正相关。

控制变量中,资产负债率在对商品购买、接受劳务、接受劳务和提供担保的回归分析中显著为正,即资产负债率越高,操纵性应计利润越高;反映公司成长性的营业收入增长率对操纵性应计利润的影响则有正有负,说明其对盈余管理程度的影响是不确定的,上市公司的成长性较好,也并不一定代表这家公司盈余管理程度较低。反映会计师事务所是否为国际四大会计师事务所的虚拟变量在绝大多数回归中显著为正,说明如果负责上市公司年度报告审计的会计师事务所属于国际四大会计师事务所,其盈余管理程度反而较高,这在一定程度上说明上市公司虽然由国际四大会计师事务所在国内的合作所负责审计年度报告,但并不能代表其盈余管理程度低。审计意见类型的这一虚拟变量在绝大多数回归中均不显著,一方面说明上市公司的财务报告被出示非标准审计意见与其盈余管理不相关,而可能是因为其他原因被出示非标准审计意见,另一方面也表明会计师事务所出具的审计意见对上市公司盈余管理的甄别力较差,其审计质量令人担忧。

表5-1　　　　关联交易与盈余管理的回归结果

（被解释变量为操纵性应计利润）

解释变量	全部交易	商品购买	商品销售	提供劳务	接受劳务	提供资金
α_0	-0.314 ***	-0.150 ***	-0.274 ***	-0.259 ***	-0.283 ***	-0.319 ***
	(-4.34)	(-7.08)	(-2.79)	(-2.67)	(-4.67)	(-2.98)
RPT	0.018 ***	0.009 ***	0.016 ***	0.016 ***	0.017 ***	0.021 ***
	(4.57)	(7.89)	(2.79)	(2.74)	(4.81)	(2.98)
Leverage	0.0001	0.021 ***	0.040	0.040 ***	0.045 ***	-0.003
	(1.51)	(3.10)	(1.55)	(3.32)	(3.69)	(-0.74)
$\Delta Sales$	0.000	0.000	-0.000	0.009 ***	-0.000	0.006
	(0.03)	(0.47)	(-0.23)	(9.44)	(-0.89)	(1.53)
Accounting	0.153 ***	0.101 ***	0.109 **	0.207 **	0.170 ***	-0.109
	(3.59)	(3.78)	(1.98)	(2.57)	(3.15)	(-0.83)
Auditing	-0.006	-0.007	-0.024	-0.032 **	-0.024 ***	-0.108
	(-0.52)	(-0.53)	(-0.79)	(-2.17)	(-2.77)	(-1.17)

5 关联交易与盈余管理的实证分析

续表

解释变量	全部交易	商品购买	商品销售	提供劳务	接受劳务	提供资金
Year	YES	YES	YES	YES	YES	YES
R^2	0.007	0.065	0.042	0.048	0.054	0.010
解释变量	占用资金	提供担保	接受担保	资产重组	其他收入	其他支出
α_0	-0.417***	-0.165**	-0.419**	0.0189	-0.124	-0.547***
	(-2.84)	(-2.27)	(-2.05)	(0.08)	(-0.85)	(-3.97)
RPT	0.025***	0.010***	0.023**	0.000	0.007	0.036***
	(2.97)	(2.77)	(2.08)	(0.02)	(0.73)	(3.97)
Leverage	0.0004	0.0001**	0.026	0.001	0.056	0.075
	(0.31)	(2.00)	(1.05)	(0.90)	(1.39)	(1.43)
$\Delta Sales$	0.007***	0.001	-0.000	-0.000**	0.001***	-0.000*
	(3.25)	(1.36)	(-0.44)	(-2.00)	(3.55)	(-1.76)
Accounting	0.199*	0.176*	0.112	0.149**	0.213***	0.171***
	(1.86)	(1.72)	(1.64)	(2.40)	(2.75)	(3.17)
Auditing	-0.018	-0.005	-0.020	-0.041	-0.053	-0.046
	(-0.34)	(-0.83)	(-0.63)	(-1.28)	(-1.09)	(-1.28)
Year	YES	YES	YES	YES	YES	YES
R^2	0.076	0.039	0.045	0.057	0.006	0.010

注：(1) 表的第一列是解释变量，其余各列分别是使用不同类型的关联交易对盈余管理程度进行回归的结果。(2) *、**和***分别表示10%、5%和1%的显著性水平；括号内的数值为双侧 t 检验的 t 值；YES 表示至少有一个年度虚拟变量在统计上显著。

(2) 使用非经常性损益指标的回归结果。

表 5-2 是使用非经常性损益作为盈余管理程度衡量指标对方程 (5.1) 进行回归的结果。可以看出，全部关联交易的规模与非经常性损益显著正相关。在对各类型关联交易的回归中，除提供劳务外，商品购买、商品销售、接受劳务、提供资金、占用资金、提供担保、接受担保、资产重组、其他收入、其他支出这10种类型的关联交易与非经常性损益均呈现出显著正相关的关系，因此，这些类型的关联交易发生规模越大，非经常性损益越大。

表5-2　关联交易与盈余管理的回归结果（被解释变量为非经常性损益）

解释变量	全部交易	商品购买	商品销售	提供劳务	接受劳务	提供资金
α_0	-0.030***	-0.023**	-0.019**	-0.059	-0.037***	-0.025**
	(-2.88)	(-2.45)	(-2.23)	(-1.45)	(-2.92)	(-2.02)
RPT	0.002***	0.001**	0.001**	0.004	0.002***	0.002**
	(3.01)	(2.43)	(2.25)	(1.45)	(2.90)	(2.08)
$Leverage$	0.001***	0.002	0.002*	-0.001	0.003	0.000
	(3.84)	(1.21)	(1.71)	(-0.38)	(0.86)	(0.41)
$\Delta Sales$	-0.000	-0.000	-0.0000	0.000***	-0.000	0.000***
	(-0.52)	(-0.62)	(-0.44)	(7.48)	(-1.84)	(10.75)
$Accounting$	0.021***	0.029**	0.016*	0.018*	0.029**	0.013
	(2.81)	(2.41)	(1.94)	(1.79)	(2.16)	(1.52)
$Auditing$	0.002***	0.002**	0.002***	-0.002	0.001	-0.003
	(4.63)	(2.20)	(3.62)	(-1.36)	(0.35)	(-1.51)
$Year$	YES	YES	YES	YES	YES	YES
R^2	0.024	0.026	0.021	0.042	0.031	0.080
解释变量	占用资金	提供担保	接受担保	资产重组	其他收入	其他支出
α_0	-0.039***	-0.022***	-0.013**	-0.026	-0.050***	-0.057**
	(-2.85)	(-2.91)	(-2.30)	(-1.59)	(-2.72)	(-2.40)
RPT	0.002***	0.001***	0.001**	0.002*	0.003***	0.004**
	(2.93)	(3.03)	(2.27)	(1.69)	(2.81)	(2.37)
$Leverage$	0.000	0.000***	0.001*	-0.000	0.001	0.001
	(1.19)	(8.59)	(1.77)	(-1.52)	(0.28)	(0.39)
$\Delta Sales$	0.000*	0.000	-0.000	-0.000	-0.000*	-0.000
	(3.12)	(1.16)	(-1.63)	(-0.94)	(-1.88)	(-1.54)
$Accounting$	0.021**	0.009	0.002**	0.019	0.035**	0.022**
	(2.19)	(1.55)	(1.96)	(1.58)	(2.21)	(2.58)
$Auditing$	0.001	0.003***	0.002***	0.001	-0.000	0.001
	(0.25)	(2.70)	(3.10)	(1.30)	(-0.22)	(1.12)
$Year$	YES	YES	YES	YES	YES	YES
R^2	0.075	0.045	0.029	0.025	0.036	0.034

注：(1) 表的第一列是解释变量，其余各列分别是使用不同类型的关联交易对盈余管理程度进行回归的结果。(2) *、**和***分别表示10%、5%和1%的显著性水平；括号内的数值为双侧t检验的t值；YES表示至少有一个年度虚拟变量在统计上显著。

综上所述，可以得出结论：上市公司发生的全部关联交易的规模越大，盈余管理程度越高；关联交易的各种类型中，上市公司发生商品购买、商品销售、接受劳务、提供资金、占用资金、提供担保、接受担保、其他支出的金额越多，操纵性应计利润和非经常性损益越高，即盈余管理程度越高，从而支持前文的假设5.1。不仅商品购买、商品销售、接受劳务这些属于线上项目的关联交易类型是上市公司盈余管理普遍采用的手段，提供资金、占用资金、提供担保、接受担保、其他支出这些属于线下项目的类型也对盈余管理程度产生了显著的影响。Jian和Wong（2006）指出，近年来盈余管理已经从线下项目向线上项目转移，本书的研究结果与Jian和Wong（2006）的发现是不相符的。

5.3.2 加入公司特征后关联交易与盈余管理的回归结果

表5-3和表5-4分别是使用操纵性应计利润和非经常性损益作为盈余管理程度度量指标对方程（5.2）进行回归的结果。其中，模型（1）至模型（4）分别考察了上市公司是否在下一年度配股、是否在下一年度增发、是否被特别处理、是否在下一年度实现股改的虚拟变量与关联交易相乘的交叉变量，模型（5）考察了所有交叉变量的影响。

从表5-3可以看出，RPT的系数在所有模型中均显著为正，即上市公司发生的全部关联交易的规模越大，操纵性应计利润越高，这与前文关联交易与盈余管理的回归分析结果是一致的。$D_{PG} \times RPT$和$D_{ZF} \times RPT$的系数显著为正，这就说明，在下一年度是否配股和是否增发的公司特征显著影响了关联交易与操纵性应计利润间的关系，在下一年度实行配股、增发的上市公司较未配股、未增发公司更可能通过关联交易进行盈余管理。$D_{ST} \times RPT$的系数也显著为正，这就说明，如果上市公司被特别处理，其通过关联交易进行盈余管理的动机较未被ST的公司更为强烈。

本书使用非经常性损益作为盈余管理程度度量指标，对方程（5.2）进行的回归结果发现，$D_{PG} \times RPT$和$D_{GZ} \times RPT$的系数为负但不显著，$D_{ZF} \times RPT$和$D_{ST} \times RPT$的系数仍显著为正（见表5-4），因此，是否在下一年度增发和是否被特别处理的虚拟变量对关联交易和非经常性损益的关系有显著的影响。王咏梅和杨阳（2007）、郑金国等（2009）

的研究发现，上市公司在股改前为达成对非流通股股东有利的股改方案，会采取故意降低盈利的盈余管理手段。但表 5-3 和表 5-4 中，模型（4）和模型（5）的结果显示，$D_{GZ} \times RPT$ 的系数并不显著。出现这一结果的原因可能是股权分置改革始于 2005 年 4 月，在 2005 年进行股权分置改革的上市公司已经将其前一年的年报对外公布，因此它们不大可能预先在 2004 年利用关联交易进行针对股权分置改革的盈余管理行为。

表 5-3　　加入公司特征后回归结果（被解释变量为操纵性应计利润）

解释变量	(1)	(2)	(3)	(4)	(5)
α_0	-0.314***	-0.296***	-0.311***	-0.316***	-0.294***
	(-4.34)	(-4.35)	(-4.31)	(-4.46)	(-4.45)
RPT	0.018***	0.017***	0.018***	0.018***	0.016***
	(4.57)	(4.60)	(4.55)	(4.55)	(4.74)
$D_{PG} \times RPT$	0.001*				0.002*
	(1.91)				(1.85)
$D_{ZF} \times RPT$		0.012**			0.012**
		(2.69)			(2.39)
$D_{ST} \times RPT$			0.001**		0.001**
			(2.39)		(2.33)
$D_{GZ} \times RPT$				-0.001	-0.0002
				(-0.615)	(-0.12)
$\Delta Sales$	0.00001	-0.00005	0.00003	0.00003	-0.00004
	(0.03)	(-0.99)	(0.38)	(0.02)	(-0.87)
$Leverage$	0.0001	0.0001*	0.0001*	0.0001	0.012**
	(1.51)	(1.81)	(1.91)	(1.51)	(2.13)
$Accounting$	0.153***	0.151***	0.152***	0.153***	0.151***
	(3.59)	(3.51)	(3.57)	(3.59)	(3.49)
$Auditing$	-0.006	-0.0001	0.001	-0.007	0.007
	(-0.50)	(-0.06)	(0.11)	(-0.55)	(0.62)
Year	YES	YES	YES	YES	YES
R^2	0.010	0.010	0.007	0.007	0.010

注：*、**和***分别表示 10%、5% 和 1% 的显著性水平；括号内的数值为双侧 t 检验的 t 值；YES 表示至少有一个年度虚拟变量在统计上显著。

5 关联交易与盈余管理的实证分析

表5-4 加入公司特征后的回归结果（被解释变量为非经常性损益）

解释变量	(1)	(2)	(3)	(4)	(5)
α_0	-0.030***	-0.030***	-0.030***	-0.030***	-0.031***
	(-2.89)	(-2.89)	(-2.90)	(-2.89)	(-2.92)
RPT	0.002***	0.002***	0.002***	0.002***	0.002***
	(3.04)	(3.01)	(3.02)	(3.02)	(3.07)
$D_{PG} \times RPT$	-0.0001				-0.0001
	(-0.05)				(-0.05)
$D_{ZF} \times RPT$		0.0001**			0.0002**
		(2.25)			(2.33)
$D_{ST} \times RPT$			0.0001**		0.0001**
			(2.36)		(2.35)
$D_{GZ} \times RPT$				-0.00004	-0.0001
				(-0.41)	(-0.49)
$\Delta Sales$	-0.0000	-0.0000	-0.0000	-0.0000	-0.0000
	(-0.52)	(-0.29)	(-0.69)	(-0.52)	(-0.46)
$Leverage$	0.00002***	0.00002***	0.00002***	0.00002***	0.00002***
	(3.86)	(3.81)	(3.48)	(3.81)	(3.44)
$Accounting$	0.021***	0.021***	0.021***	0.021***	0.021***
	(2.80)	(2.81)	(2.81)	(2.81)	(2.81)
$Auditing$	0.002***	0.002***	0.002***	0.002***	0.002***
	(4.28)	(4.45)	(3.46)	(4.60)	(3.10)
$Year$	YES	YES	YES	YES	YES
R^2	0.024	0.024	0.024	0.024	0.024

注：*、**和***分别表示10%、5%和1%的显著性水平；括号内的数值为双侧t检验的t值；YES表示至少有一个年度虚拟变量在统计上显著。

5.4 小结

本章首先提出有关关联交易和盈余管理的研究假设，进而使用PCSE方法分析了关联交易及其各种类型对盈余管理程度的影响，并在此基础上,从盈余管理动机的角度出发,探讨了上市公司是否配股、增发、被特别处理以及股改的公司特征对关联交易和盈余管理的影响。本章的研究结果发现:(1)上市公司发生的全部关联交易的规模显著提高了盈余管理程度;上市公司发生的各种类型的关联交易中,商品购买、商品销售、接受劳务、提供资金、占用资金、提供担保、接受担保、其他支出的规模越大,盈余管理程度越高。因此,不仅属于线上项目的关联交易类型是上市公司盈余管理普遍采用的手段,属于线下项目的关联交易类型也对盈余管理程度产生了显著的影响。(2)在下一年度实行配股、增发的上市公司较未配股、未增发的公司更可能通过关联交易进行盈余管理;而且,如果上市公司被特别处理,其通过关联交易进行盈余管理的动机较未被 ST 的公司更为强烈。

Jian 和 Wong(2006)、洪剑峭和方军雄(2005)、郑国坚(2009)等对中国上市公司的研究发现,与关联方之间的商品和劳务的购买及销售对上市公司盈余管理有显著的影响。本章的研究结果则发现,不仅商品和劳务的购销,提供资金、占用资金、提供担保、接受担保、其他支出这些属于线下项目的关联交易类型也被上市公司普遍用于盈余管理。

国内学者关于盈余管理动机的研究发现,中国上市公司为迎合政府监管,在首次公开发行、增发配股、面临亏损、股权分置改革等过程中均进行了盈余管理行为。因此,本书对上市公司是否配股、是否增发、是否被特别处理以及是否股改的公司特征进行研究,也证实了相对于没有实行配股、未增发、未被 ST 的上市公司,实行配股、增发、被 ST 的上市公司对关联交易和盈余管理的关系有显著的影响。

根据契约理论,会计盈余是管理层报酬契约制定的重要依据,债务契约也对企业在财务比率方面提出一些约束条件,使得会计盈余信息在监督和评价这些契约的实施过程中发挥了重要作用。信号理论指出,相关信息在由管理层向企业外部人员的传递过程中存在着"沟通阻滞",管理层可能会尽力掩盖那些对自己不利的信息,通过牺牲其他相关者的利益来为自己谋取私利。因此,由于管理层报酬契约和企业债务契约对会计盈余的依赖性,以及管理层与企业外部人员的"沟通阻滞",管理层为了谋取私人利益,可能通过关联交易这一隐蔽且实用的手段进行盈余管理。在我国，几乎所有类型的关联交易都对盈余管理产生了举足轻重的影响。而我国特殊的制度背景，如企业集团的普遍存在、公司治理水平较低、信息披露制度的不完善、投资者保护的低水平等，为上市公司通过关联交易进行盈余管理提供了更多的可乘之机。

6 不同动机下的关联交易与盈余管理

本书第 4 章的研究结果表明，我国上市公司普遍存在使用关联交易提高盈余管理程度的现象，而且，在下一年度实行配股、增发的上市公司以及被特别处理的上市公司更可能通过关联交易进行盈余管理。但是，第 4 章的研究未能揭示在不同的盈余管理动机下，上市公司运用关联交易进行盈余管理的手段呈现出哪些不同的特征。为此，本章在 Aharony 等（2005）研究的基础上，针对具有不同盈余管理动机的上市公司，分别对配股公司、增发公司、ST 公司和股权分置改革前后的公司进行实证研究，检验在不同盈余管理动机下，上市公司是否使用了不同手段的关联交易以达到其不同目的，从而有助于监管层在监管上市公司的关联交易和盈余管理时，针对不同类型的公司或具有不同盈余管理动机的公司采取有针对性的措施。

6.1 配股动机下的关联交易与盈余管理

6.1.1 研究假设

中国证监会在 2001 年出台的《上市公司新股发行管理办法》和 2002 年颁布的《中国证券监督管理委员会关于做好上市公司新股发行工作的通知》中对上市公司配股的条件进行了重新规定。上市公司如果想通过配股方式进行再融资，在会计盈余方面需要满足"最近 3 个会计年度加权平均净资产收益率平均不低于 6%，发行股份总数原则上不超过股份总数的 30%，如公司具有实际控制权的股东全额认购，可不受上述的限制"。因此，上市公司在进行配股时，为满足配股的较高门槛，进行盈余管理的动机较以往可能更为强烈。孙铮和王跃堂

(1999)、陈小悦等（2000）、李志文和宋衍衡（2003）对我国上市公司的研究就发现，上市公司为了达到配股要求，普遍存在配股前管理盈余的行为。

本书第 5 章的研究结果发现，关联交易及其各种类型已经成为上市公司盈余管理普遍采用的手段。Aharony 等（2005）研究了 1999～2001 年的 198 家中国 IPO 企业和母公司之间进行的关联交易，发现母公司在 IPO 前为帮助企业上市，通过关联交易对拟上市企业进行了盈余管理。因此，上市公司在面临配股时，为满足"近 3 个会计年度加权平均净资产收益率平均不低于 6%"的门槛，也可能会采取关联交易这一手段进行盈余管理，基于以上分析，本书提出假设 6.1：配股公司在配股前一年和配股当年的关联交易显著提高了盈余管理程度，但配股后一年的关联交易对盈余管理程度的影响不显著。

6.1.2 研究方法

（1）模型。

本书为检验配股公司在配股前一年、配股当年和配股后一年是否通过关联交易进行盈余管理，建立如下方程：

$$EM = \alpha_0 + \alpha_1 RPT_i + \alpha_2 Leverage + \alpha_3 \Delta Sales + \varepsilon \quad (6.1)$$

式中，EM 代表盈余管理程度；RPT_i 代表关联交易及其各种类型的规模；$Leverage$ 代表反映公司财务杠杆的指标资产负债率；$\Delta Sales$ 代表反映公司成长性的指标营业收入增长率；α_0 代表截距项；$\alpha_1 \cdots \alpha_3$ 分别代表系数；ε 是残差。

（2）样本和数据。

本书选取 2003～2007 年在上海证券交易所和深圳证券交易所的所有通过配股进行再融资的上市公司作为样本，并剔除金融类上市公司和剔除年报中没有完整地披露本研究所需数据的公司，最后得到 64 家样本观测值（2006 年无上市公司进行配股融资，即 2006 年的样本观测值为零）。

6.1.3 描述性统计

表 6-1 描述的是配股公司在配股前一年、配股当年和配股后一年发生的关联交易及其各种类型的规模以及盈余管理程度的平均值。可以

看出，配股公司在配股前一年发生全部关联交易的平均值为 13.5226，在配股当年激增到 18.6246，但配股后一年，全部关联交易的平均金额又下降至 16.8216。在各种类型的关联交易中，商品购买、提供劳务和接受劳务这三种类型在配股后一年发生的平均金额相对于配股前一年明显下降，分别由配股前一年的 4.5032、1.0335 和 0.5067 下降至 2.4417、0.3107 和 0.2839。提供资金平均金额在配股当年是增加的，但配股后却又明显减少。配股公司占用资金、提供担保、接受担保和其他支出这四种类型关联交易的平均金额则在配股前一年、配股当年和配股后一年呈现出逐渐攀升的趋势。商品销售的金额在配股当年有所减少，但配股后一年又增至 3.4150 的水平，比配股前一年有所提高。因此，这里很难发现配股公司在配股前后的关联交易行为有何异常。但是，结合全部上市公司关联交易的描述，① 可以发现，2002～2008 年全部上市公司所发生的关联交易的总金额和总次数是不断攀升的。而在配股公司发生的关联交易类型中，商品购买、提供劳务、接受劳务和其他收入的金额在配股后一年均相对于前一年有明显下降，这与全部上市公司关联交易的变动趋势是相反的。

表 6-1　　　　配股公司在配股当年及前后年度发生的
关联交易和盈余管理的描述性统计

项目	配股前一年	配股当年	配股后一年
全部交易	13.5226	18.6246	16.8216
商品购买	4.5032	5.0086	2.4417
商品销售	2.6842	2.4098	3.4150
提供劳务	1.0335	0.1034	0.3107
接受劳务	0.5067	1.8933	0.2839
提供资金	0.0547	1.5795	0.7476
占用资金	0.0219	1.7221	1.9206
提供担保	0.3307	0.4483	0.7514

---

① 根据 CCER™ 中国证券市场数据库的统计，2002～2008 年，上市公司发生关联交易的总次数从 2002 年的 9 559 次上升至 2008 年的 15 730 次，增长近 65%。关联交易涉及的总金额在 2002 年为 5 880 亿元，到 2008 年交易涉及的金额却攀升了 3 倍多，高达 24 301 亿元。

续表

项目	配股前一年	配股当年	配股后一年
接受担保	2.8589	2.9489	4.0118
资产重组	0.4299	0.8211	0.4910
其他收入	0.2273	0.1787	0.2054
其他支出	0.8715	1.5110	2.2425
操纵性应计利润	0.0795	0.1873	0.0529
非经常性损益	0.0021	0.0023	0.0020

在盈余管理程度方面，配股公司操纵性应计利润的平均值在配股前一年为0.0795，配股当年激增至0.1873，但在配股后一年则急速下滑为0.0529；非经常性损益的均值在配股前一年和当年分别为0.0021和0.0023，在配股后一年也下降为0.0020。因此，配股公司在配股前一年和当年所进行的盈余管理程度明显大于配股后一年，这与孙铮和王跃堂（1999）、陈小悦等（2000）、李志文和宋衍蘅（2001）的研究结论是一致的。

6.1.4 配股公司配股前一年、当年和后一年关联交易对盈余管理的影响

本书利用方程（6.1），分别对配股公司配股前一年、配股当年和配股后一年发生的关联交易及其各种类型对盈余管理程度的影响进行回归。由于配股公司的样本量较少、时间段较短，故采用OLS的估计方法，回归结果分别如表6-2至表6-7所示。由于发生提供资金、占用资金、提供担保类关联交易的配股公司样本数小于10，故无法对其进行回归。

（1）配股前一年关联交易对盈余管理的影响。

表6-2的回归结果显示，全部关联交易的规模与操纵性应计利润显著正相关，即配股公司在配股前一年发生的全部关联交易越多，其操纵性应计利润越高；各种关联交易类型中，商品购买、提供劳务、接受担保、资产重组、其他收入和其他支出金额的系数也显著为正，从而这些类型的关联交易规模越大，操纵性应计利润越高。

表6-2　　　　配股前一年关联交易与盈余管理的回归结果
（被解释变量为操纵性应计利润）

解释变量	全部交易	商品购买	商品销售	提供劳务	接受劳务	接受担保	资产重组	其他收入	其他支出
α_0	-1.106**	-0.682	0.136	-0.101	0.178	-0.729***	-0.207**	-6.012***	-2.964***
	(-2.09)	(-1.47)	(0.24)	(-0.83)	(0.20)	(-6.23)	(-2.70)	(-5.84)	(-4.70)
RPT	0.058**	0.041*	0.009	0.010***	-0.017	0.048***	0.012**	0.318***	0.193***
	(2.23)	(1.76)	(0.45)	(4.91)	(-0.41)	(8.94)	(2.09)	(6.86)	(6.24)
$Leverage$	0.067	0.039	-0.343	0.012	0.543	-0.448***	0.072	1.464	-0.280
	(0.16)	(0.10)	(-0.68)	(0.06)	(0.72)	(-7.08)	(0.86)	(1.01)	(-0.46)
$\Delta Sales$	0.008	0.010	-0.029	0.080**	0.098	0.098***	-0.012	0.552	0.131
	(0.08)	(0.08)	(-0.39)	(2.48)	(0.67)	(4.71)	(-0.69)	(1.18)	(0.51)
R^2	0.096	0.089	0.188	0.452	0.761	0.936	0.308	0.805	0.537

注：(1) 表的第一列是解释变量，其余各列分别是使用不同类型的关联交易对盈余管理程度进行回归的结果。(2) *、**和***分别表示10%、5%和1%的显著性水平；括号内的数值为双侧 t 检验的 t 值。

以另一衡量盈余管理程度的指标非经常性损益进行回归的结果（见表6-3）表明，配股前一年的全部关联交易与非经常性损益显著正相关；商品购买、商品销售、提供劳务、接受劳务、接受担保、其他收入、其他支出也与非经常性损益呈现出显著正相关的关系。

可以看出，在配股前一年，配股公司发生的全部关联交易以及商品购买、提供劳务、接受担保、其他收入、其他支出显著提高了以操纵性应计利润和非经常性损益衡量的盈余管理程度。

表6-3　　　　配股前一年关联交易与盈余管理的回归结果
（被解释变量为非经常性损益）

解释变量	全部交易	商品购买	商品销售	提供劳务	接受劳务	接受担保	资产重组	其他收入	其他支出
α_0	-0.070***	-0.053**	-0.044**	-0.005	-0.071***	-0.060***	-0.002	-0.092***	-0.068***
	(-5.25)	(-2.51)	(-2.41)	(-0.68)	(-2.89)	(-3.44)	(-0.42)	(-3.23)	(-4.28)
RPT	0.004***	0.004***	0.003***	0.001*	0.004***	0.005***	-0.0002	0.007***	0.005***
	(6.53)	(4.15)	(3.46)	(2.02)	(3.05)	(5.47)	(-1.06)	(5.57)	(7.49)

6 不同动机下的关联交易与盈余管理

续表

解释变量	全部交易	商品购买	商品销售	提供劳务	接受劳务	接受担保	资产重组	其他收入	其他支出
Leverage	-0.019*	-0.020	-0.002	-0.013**	0.011	-0.053***	0.013***	-0.039	-0.030**
	(-1.87)	(-1.11)	(-0.12)	(-2.35)	(0.58)	(-5.21)	(3.68)	(-1.05)	(-2.12)
ΔSales	0.004**	0.003	0.002	0.020***	0.018***	0.008	-0.001	0.006	0.011**
	(2.02)	(0.96)	(0.96)	(5.81)	(3.14)	(2.05)	(-0.77)	(0.59)	(2.32)
R^2	0.469	0.400	0.282	0.898	0.597	0.782	0.427	0.690	0.669

注：(1) 表的第一列是解释变量，其余各列分别是使用不同类型的关联交易对盈余管理程度进行回归的结果。(2) *、**和***分别表示10%、5%和1%的显著性水平；括号内的数值为双侧 t 检验的 t 值。

（2）配股当年关联交易对盈余管理的影响。

配股当年关联交易与操纵性应计利润的回归结果（见表6-4）显示，全部关联交易与操纵性应计利润显著正相关；除接受担保和其他收入的系数不显著外，配股当年商品购买、商品销售、提供劳务、接受劳务、资产重组、其他支出的规模均与操纵性应计利润呈现出显著正相关的关系。

表6-4　　　　配股当年关联交易与盈余管理的回归结果
（被解释变量为操纵性应计利润）

解释变量	全部交易	商品购买	商品销售	提供劳务	接受劳务	接受担保	资产重组	其他收入	其他支出
α_0	-4.090*	-1.432***	-0.646***	-0.662**	-1.002***	-0.656	-0.943**	0.384	-13.224***
	(-1.78)	(-7.22)	(-3.46)	(-2.70)	(-5.72)	(-0.86)	(-2.10)	(1.18)	(-4.80)
RPT	0.273**	0.093***	0.038***	0.057***	0.077***	0.069	0.062***	-0.024	0.940***
	(2.18)	(9.05)	(3.79)	(5.10)	(10.09)	(1.82)	(3.29)	(-1.63)	(6.40)
Leverage	-1.897	-0.583**	0.060	0.134	-0.318**	-1.410***	-0.185	0.012	-4.760*
	(-1.07)	(-2.47)	(0.33)	(0.45)	(-2.32)	(-2.99)	(-0.41)	(0.09)	(-1.87)
ΔSales	-0.642	-0.012	0.048	-0.313**	-0.234**	0.131	0.030	0.245***	-1.002
	(-0.80)	(-0.10)	(0.50)	(-2.13)	(-2.31)	(0.69)	(0.25)	(4.41)	(-0.57)
R^2	0.085	0.711	0.230	0.527	0.820	0.257	0.367	0.571	0.211

注：(1) 表的第一列是解释变量，其余各列分别是使用不同类型的关联交易对盈余管理程度进行回归的结果。(2) *、**和***分别表示10%、5%和1%的显著性水平；括号内的数值为双侧 t 检验的 t 值。

关联交易与非经常性损益的回归结果（见表6-5）显示，配股当年的全部关联交易与非经常性损益显著正相关；除其他收入外，商品购买、商品销售、提供劳务、接受劳务、接受担保、资产重组、其他支出这七种关联交易类型均与非经常性损益呈现出显著正相关的关系。

表6-5 配股当年关联交易与盈余管理的回归结果
（被解释变量为非经常性损益）

解释变量	全部交易	商品购买	商品销售	提供劳务	接受劳务	接受担保	资产重组	其他收入	其他支出
α_0	-0.040***	-0.014***	-0.016	0.002	-0.015*	-0.088***	-0.061***	-0.012	-0.036***
	(-3.36)	(-4.99)	(-1.55)	(1.01)	(-1.74)	(-4.35)	(-3.79)	(-0.46)	(-4.85)
RPT	0.002***	0.001***	0.001*	0.0002**	0.001**	0.006***	0.002***	0.0003	0.002***
	(3.34)	(5.60)	(1.92)	(2.41)	(2.12)	(5.70)	(3.37)	(0.27)	(4.08)
$Leverage$	0.002	-0.003	0.009	-0.001	0.026***	-0.043***	0.038***	0.018*	0.034***
	(0.24)	(-1.11)	(0.80)	(-0.50)	(3.97)	(-3.19)	(2.91)	(1.77)	(5.46)
$\Delta Sales$	-0.004	0.000	-0.009	-0.005***	-0.022***	-0.013**	0.011***	0.005	-0.017***
	(-1.18)	(0.05)	(-1.62)	(-3.42)	(-5.29)	(-2.49)	(3.23)	(0.94)	(-3.80)
R^2	0.236	0.493	0.130	0.378	0.596	0.601	0.623	0.127	0.629

注：(1) 表的第一列是解释变量，其余各列分别是使用不同类型的关联交易对盈余管理程度进行回归的结果。(2) *、**和***分别表示10%、5%和1%的显著性水平；括号内的数值为双侧 t 检验的 t 值。

因此，配股公司在配股当年发生的全部关联交易以及商品购买、商品销售、提供劳务、接受劳务、资产重组、其他支出的规模越大，操纵性应计利润和非经常性损益的水平越高，即盈余管理程度越高。

(3) 配股后一年关联交易对盈余管理的影响。

在表6-6配股后一年关联交易与操纵性应计利润的回归结果中，全部关联交易的系数虽然与配股前一年和配股当年一样为正，但不显著；而在各类型关联交易的回归中，除资产重组、其他收入和其他支出的系数显著外，大多数类型与操纵性应计利润也不再呈现出显著相关的关系。

表6-7关联交易与非经常性损益的回归结果显示，虽然配股后一年全部关联交易的系数显著为正，但是，除资产重组、其他收入和其他

6　不同动机下的关联交易与盈余管理

支出外，其余各种类型的关联交易与非经常性损益的关系不再显著地正相关。

因此，在配股后一年，除资产重组、其他收入和其他支出显著提高了盈余管理程度外，配股公司发生的全部关联交易与绝大多数类型的关联交易对盈余管理程度的影响不再显著。

表6-6　　　　配股后一年关联交易与盈余管理的回归结果
（被解释变量为操纵性应计利润）

解释变量	全部交易	商品购买	商品销售	提供劳务	接受劳务	接受担保	资产重组	其他收入	其他支出
α_0	-0.071	-0.757**	-0.343*	-0.205	-0.910**	-1.331**	-1.031**	-1.891**	-1.967***
	(-0.97)	(-2.76)	(-1.91)	(-0.62)	(-2.30)	(-2.22)	(-3.50)	(-2.95)	(-4.26)
RPT	0.001	0.018	0.016	0.005	0.035	0.046	0.045**	0.033***	0.139***
	(0.38)	(0.94)	(1.68)	(0.26)	(1.60)	(1.40)	(2.29)	(3.15)	(7.19)
Leverage	0.192	0.722*	0.099	0.334	0.670**	0.722*	0.434	0.502	-0.967***
	(1.65)	(2.00)	(0.78)	(1.22)	(2.37)	(1.97)	(1.56)	(1.55)	(-5.11)
$\Delta Sales$	0.101	0.552***	0.288***	0.466	0.423**	0.500***	0.172	-0.522	0.442
	(1.11)	(4.56)	(2.98)	(1.77)	(2.72)	(4.79)	(1.13)	(-1.26)	(1.07)
R^2	0.696	0.790	0.504	0.379	0.771	0.640	0.519	0.446	0.748

注：(1) 表的第一列是解释变量，其余各列分别是使用不同类型的关联交易对盈余管理程度进行回归的结果。(2) *、**和***分别表示10%、5%和1%的显著性水平；括号内的数值为双侧t检验的t值。

表6-7　　　　配股后一年关联交易与盈余管理的回归结果
（被解释变量为非经常性损益）

解释变量	全部交易	商品购买	商品销售	提供劳务	接受劳务	接受担保	资产重组	其他收入	其他支出
α_0	-0.026*	-0.002	-0.001	-0.000	0.035	-0.014	-0.097***	-0.020**	-0.014
	(-2.00)	(-0.07)	(-0.47)	(-0.05)	(1.20)	(-0.73)	(-3.50)	(-2.93)	(-1.25)
RPT	0.002**	0.001	0.0001	-0.000	-0.001	0.002	0.006***	0.001**	0.001*
	(2.41)	(0.40)	(0.77)	(-0.14)	(-0.90)	(1.37)	(4.14)	(2.50)	(1.93)
Leverage	-0.012*	-0.023	0.001	0.002**	-0.024	-0.24**	-0.015	0.004	-0.011
	(-1.71)	(-1.08)	(0.25)	(2.24)	(-1.25)	(-2.09)	(-0.73)	(0.45)	(-1.17)

续表

解释变量	全部交易	商品购买	商品销售	提供劳务	接受劳务	接受担保	资产重组	其他收入	其他支出
$\Delta Sales$	-0.001	0.006	-0.000	0.001	0.013	-0.001	0.024*	0.001	0.023
	(-0.13)	(0.49)	(-0.02)	(1.28)	(1.02)	(-0.26)	(1.81)	(0.38)	(1.69)
R^2	0.108	0.040	0.031	0.293	0.066	0.143	0.596	0.488	0.200

注：(1) 表的第一列是解释变量，其余各列分别是使用不同类型的关联交易对盈余管理程度进行回归的结果。(2) *、**和***分别表示10%、5%和1%的显著性水平；括号内的数值为双侧t检验的t值。

（4）异常关联交易对配股前一年盈余管理的影响。

表6-1的描述性统计和上述回归分析结果表明，商品购买、提供劳务、接受劳务和其他收入这四种类型的金额在配股后一年均相对于前一年有明显下降，这与全部上市公司关联交易的变动趋势是相反的。其中，商品购买和提供劳务在配股前一年和配股当年均显著提高了上市公司的盈余管理程度，但配股公司在配股后一年使用商品购买和提供劳务提高盈余管理程度的现象却不复存在。

因此，本书进一步以商品购买和提供劳务为考察对象，借鉴Aharony等（2005）的方法，将商品购买和提供劳务在配股前一年发生的金额减去配股后一年的金额作为异常的商品购买和提供劳务型关联交易，仍然采用方程（6.1），考察异常关联交易（ΔRPT）对配股前一年盈余管理程度的影响，结果如表6-8和表6-9所示。

异常商品购买对配股前一年盈余管理程度影响的回归结果表明，异常商品购买与操纵性应计利润和非经常性损益均呈现出显著正相关的关系（见表6-8）。因此，上市公司商品购买在配股前一年（相当于配股后一年）的异常增加值显著提高了配股前一年的盈余管理程度。

表6-8 异常商品购买对配股前一年盈余管理程度影响的回归结果

解释变量	(1)	(2)
α_0	-0.101	-0.001
	(-0.35)	(-0.09)
ΔRPT	0.013*	0.001***
	(1.83)	(3.77)

续表

解释变量	(1)	(2)
Leverage	0.230	-0.006
	(0.39)	(-0.34)
$\Delta Sales$	0.022	0.006
	(0.14)	(1.68)
R^2	0.096	0.318

注：(1) 表的第一列是解释变量，第二列和第三列分别显示的是使用操纵性应计利润和非经常性损益作为盈余管理度量指标的结果。(2) * 和 *** 分别表示10%和1%的显著性水平；括号内的数值为双侧 t 检验的 t 值。

表6-9中异常提供劳务型关联交易对配股前一年盈余管理程度影响的结果显示，异常提供劳务的规模对操纵性应计利润和非经常性损益的影响均显著为正。也就是说，配股公司在配股前一年提供劳务的异常增加值显著提高了配股前一年的盈余管理程度。

表6-9 异常提供劳务对配股前一年盈余管理程度影响的回归结果

解释变量	(1)	(2)
α_0	-0.011	0.001
	(-0.20)	(0.29)
ΔRPT	0.002 **	0.0004 ***
	(2.77)	(6.25)
Leverage	0.116	-0.008
	(1.46)	(-1.09)
$\Delta Sales$	0.032	0.018 ***
	(0.78)	(6.52)
R^2	0.348	0.892

注：(1) 表的第一列是解释变量，第二列和第三列分别显示的是使用操纵性应计利润和非经常性损益作为盈余管理度量指标的结果。(2) ** 和 *** 分别表示5%和1%的显著性水平；括号内的数值为双侧 t 检验的 t 值。

从以上分析可以看出，不仅配股公司发生的商品购买和提供劳务型关联交易的规模在配股前一年显著提高了上市公司的盈余管理程度，它们的异常增加值也显著提高了配股前一年的盈余管理程度。

6.2 增发动机下的关联交易与盈余管理

6.2.1 研究假设

《中国证券监督管理委员会关于做好上市公司新股发行工作的通知》规定，上市公司申请增发，除应当符合《上市公司新股发行管理办法》的规定外，还应当符合下列条件之一：(1)"公司最近3个会计年度加权平均净资产收益率平均不低于6%，且预测本次发行完成当年加权平均净资产收益率不低于6%"；(2) 如果公司最近3个会计年度加权平均净资产收益率平均低于6%，但满足以下条件上市公司也可以增发新股："公司及主承销商应当充分说明公司具有良好的经营能力和发展前景；新股发行时，主承销商应向投资者提供分析报告；公司发行完成当年加权平均净资产收益率应不低于发行前一年的水平，并应在招股文件中进行分析论证。"也就是说，虽然申请增发可以不必满足"公司最近3个会计年度加权平均净资产收益率低于6%"，但是，上市公司申请增发仍旧需要"公司发行完成当年加权平均净资产收益率不低于发行前一年水平"这一门槛。在这一规定下，上市公司为达到增发的要求，仍可能存在着提高利润的盈余管理行为。因此，上市公司在面临增发时，为达到申请增发的利润要求，会采取关联交易这一手段进行盈余管理，从而提出假设6.2：增发公司在增发前一年和增发当年发生的关联交易显著提高盈余管理程度，但增发后一年的关联交易对盈余管理程度的影响不显著。

6.2.2 研究方法

(1) 模型。

为检验增发公司为达到其增发目的是否通过关联交易进行盈余管理，本书建立如下方程：

$$EM = \alpha_0 + \alpha_1 RPT_i + \alpha_2 Leverage + \alpha_3 \Delta Sales + \sum_{i=1}^{4} \lambda_i Year_i + \varepsilon$$

(6.2)

6 不同动机下的关联交易与盈余管理

式中，EM 代表盈余管理程度；RPT_i 代表关联交易及其各种类型的规模；$Leverage$ 代表反映公司财务杠杆的指标资产负债率；$\Delta Sales$ 代表反映公司成长性的指标营业收入增长率；$Year_i$ 分别代表以 2003 年为基准设置的 2004 年、2005 年、2006 年和 2007 年四个年度虚拟变量；α_0 代表截距项；$\alpha_1\cdots\alpha_3$、λ_i 分别代表系数；ε 是残差。

（2）样本和数据。

本书选取 2003～2007 年在上海证券交易所和深圳证券交易所的所有进行增发新股的上市公司作为样本，并剔除金融类上市公司和年报中没有完整地披露本研究所需数据的公司，最后得到 224 家样本观测值。

6.2.3 描述性统计

增发公司在增发前一年、增发当年和增发后一年发生的关联交易及其各种类型的规模以及盈余管理程度的平均值如表 6-10 所示。增发公司在增发前一年和增发当年发生全部关联交易的平均值分别为 18.6213 和 17.0133，但在增发的后一年，全部关联交易的规模下降为 13.7100，即增发公司在增发前一年、增发当年和增发后一年发生的关联交易规模呈现出逐渐下降的趋势，这与全部上市公司关联交易逐年增长的趋势是相反的。不仅如此，商品购买、商品销售、提供劳务、接受劳务和其他收入这五种类型的发生规模也逐年下降。占用资金、接受担保、资产重组和其他支出规模的平均值在增发当年较增发上一年有了较大幅度的提升，但在增发的后一年，它们的规模又有较大幅度的下降，且增发后一年的规模都下降至较增发前一年更小的规模。提供资金的平均金额则在增发前一年、增发当年和增发后一年呈现出递增的趋势，且在增发当年有较大幅度的上升，但在增发后一年，其增加的幅度并不大。提供担保的平均规模在增发当年较增发前一年减少，增发后一年又有所提升。可以看出，除提供资金这一类型以外，其余 10 种类型的关联交易在增发前一年的平均规模均明显大于增发后一年。

盈余管理程度的度量指标操纵性应计利润的平均值在增发前一年为 0.1410，增发当年激增至 0.4763，但在增发后一年，又急速下滑至 0.0315；非经常性损益在增发前一年的水平为 0.0070，在增发当年和后一年分别是 0.0044 和 0.0013。可以看出，增发公司在增发前一年和增发当年所进行的盈余管理程度明显大于增发后一年。

表6-10　　　　增发公司在增发当年及前后年度发生的
　　　　　　　关联交易和盈余管理的描述性统计

项目	增发前一年	增发当年	增发后一年
全部交易	18.6213	17.0133	13.7100
商品购买	10.0301	9.3016	7.6362
商品销售	9.3525	9.3525	7.3265
提供劳务	4.0116	3.8886	3.3344
接受劳务	8.0579	6.5608	5.9128
提供资金	1.4799	1.9784	1.9799
占用资金	1.7163	2.4569	1.7031
提供担保	3.6501	2.9899	3.1797
接受担保	9.6593	9.8274	7.3758
资产重组	5.2373	6.0816	3.8476
其他收入	4.2417	4.0193	3.4929
其他支出	7.3780	8.0132	6.1070
操纵性应计利润	0.1410	0.4763	0.0315
非经常性损益	0.0070	0.0044	0.0013

6.2.4　增发公司增发前一年、增发当年和增发后一年关联交易对盈余管理的影响

利用方程（6.2），分别对增发公司增发前一年、增发当年和增发后一年发生的关联交易及其各种类型对盈余管理的影响进行OLS回归，结果分别如表6-11至表6-16所示。

（1）增发前一年关联交易对盈余管理的影响。

增发前一年关联交易与操纵性应计利润的回归结果显示，全部关联交易规模与操纵性应计利润显著正相关（见表6-11），即增发公司在增发前一年发生的全部关联交易越多，操纵性应计利润越高；除提供资金、占用资金、资产重组、其他收入这四种类型对操纵性应计利润的影响不显著外，商品购买、商品销售、提供劳务、接受劳务、提供担保、接受担保、其他支出与操纵性应计利润也呈现出显著正相关的关系。

6 不同动机下的关联交易与盈余管理

表 6-11 增发前一年关联交易与盈余管理的回归结果
（被解释变量为操纵性应计利润）

解释变量	全部交易	商品购买	商品销售	提供劳务	接受劳务	提供资金
α_0	-0.145***	-0.185***	-0.122***	-0.003	-0.082**	0.090
	(-4.40)	(-4.66)	(-3.20)	(-0.05)	(-2.03)	(0.42)
RPT	0.009***	0.010***	0.008***	0.005***	0.007***	-0.001
	(5.69)	(6.31)	(4.39)	(3.03)	(3.81)	(-0.07)
$Leverage$	-0.001	0.020	0.009	-0.043	0.007	0.100
	(-0.38)	(0.87)	(1.14)	(-1.40)	(0.24)	(0.70)
$\Delta Sales$	0.000	0.003	0.004	0.040	0.004	-0.224
	(0.13)	(1.10)	(1.24)	(1.64)	(1.09)	(-1.67)
$Year$	YES	YES	YES	YES	YES	YES
R^2	0.166	0.247	0.173	0.196	0.147	0.223

解释变量	占用资金	提供担保	接受担保	资产重组	其他收入	其他支出
α_0	0.134	-0.109**	-0.177***	0.074	0.094**	-0.136**
	(0.72)	(-2.26)	(-3.40)	(1.53)	(2.18)	(-2.56)
RPT	-0.007	0.006**	0.010***	-0.0005	-0.003	0.008***
	(-0.60)	(2.42)	(3.93)	(-0.19)	(-1.30)	(3.02)
$Leverage$	0.051	0.096***	-0.002	-0.043**	0.016	0.022
	(0.29)	(2.95)	(-0.11)	(-2.49)	(1.08)	(0.66)
$\Delta Sales$	0.004	-0.003	0.001	0.011	0.014	0.010
	(0.29)	(-0.21)	(0.42)	(1.05)	(0.81)	(1.08)
$Year$	YES	YES	YES	YES	YES	YES
R^2	0.249	0.337	0.141	0.272	0.102	0.148

注：(1) 表的第一列是解释变量，其余各列分别是使用不同类型的关联交易对盈余管理程度进行回归的结果。(2) **和***分别表示5%和1%的显著性水平；括号内的数值为双侧t检验的t值；YES表示至少有一个年度虚拟变量在统计上显著。

使用非经常性损益作为盈余管理度量指标进行的回归结果显示，增发公司在增发前一年发生的全部关联交易规模与非经常性损益显著正相关（见表6-12），说明增发前一年的关联交易规模越大，非经常性损益的水平越高；在各种类型的关联交易中，商品销售、提供资金、占用资金、提供担保、接受担保、其他收入、其他支出对非经常性损益的影响不显著,商品购买、提供劳务、接受劳务、资产重组与非经常性损益呈现出显著正相关的关系。

表 6-12　　增发前一年关联交易与盈余管理的回归结果
（被解释变量为非经常性损益）

解释变量	全部交易	商品购买	商品销售	提供劳务	接受劳务	提供资金
α_0	-0.002	-0.022***	0.002	-0.016***	-0.003	0.007
	(-1.15)	(-5.33)	(0.60)	(-8.90)	(-1.27)	(0.90)
RPT	0.0002*	0.0006***	-0.00002	0.001***	0.0002**	-0.0003
	(1.74)	(2.78)	(-0.14)	(10.10)	(2.36)	(-0.58)
$Leverage$	0.001	0.002***	-0.0001	0.003***	-0.001	-0.004
	(1.44)	(7.37)	(-0.19)	(7.26)	(-0.39)	(-0.80)
$\Delta Sales$	-0.0001	-0.0002	-0.0003	-0.002**	-0.0004	-0.001
	(-0.71)	(-1.38)	(-0.33)	(-2.34)	(-0.37)	(-0.43)
$Year$	YES	YES	YES	YES	YES	YES
R^2	0.031	0.541	0.006	0.507	0.059	0.501
解释变量	占用资金	提供担保	接受担保	资产重组	其他收入	其他支出
α_0	-0.001	0.001	-0.004	0.005**	0.005	0.001
	(-0.06)	(0.66)	(-0.54)	(2.17)	(1.65)	(0.20)
RPT	0.0001	0.00001	0.00002	0.0005***	-0.0001	0.0001
	(0.18)	(0.25)	(0.06)	(4.59)	(-0.68)	(0.47)
$Leverage$	0.000	0.000	0.009***	0.007***	-0.001	-0.001
	(0.02)	(0.16)	(2.99)	(8.89)	(-0.65)	(-0.88)
$\Delta Sales$	0.0002	-0.0002	-0.0006	-0.0001	-0.004**	-0.0001
	(0.42)	(-0.33)	(-0.47)	(-0.15)	(-2.49)	(-0.25)
$Year$	YES	YES	YES	YES	YES	YES
R^2	0.015	0.005	0.085	0.707	0.135	0.011

注:(1) 表的第一列是解释变量,其余各列分别是使用不同类型的关联交易对盈余管理程度进行回归的结果。(2) *、**和***分别表示10%、5%和1%的显著性水平;括号内的数值为双侧 t 检验的 t 值;YES 表示至少有一个年度虚拟变量在统计上显著。

可以看出,增发公司在增发前一年发生的全部关联交易显著提高了

6 不同动机下的关联交易与盈余管理

盈余管理程度;而且,增发公司在增发前一年发生的各种关联交易类型中,商品购买、提供劳务、接受劳务型关联交易的规模越大,操纵性应计利润和非经常性损益的水平越高,即盈余管理程度越高。

(2) 增发当年关联交易对盈余管理的影响。

表6-13中增发当年关联交易与操纵性应计利润的回归结果表明,全部关联交易与操纵性应计利润的系数不显著,即全部关联交易的规模对操纵性应计利润没有显著的影响;在各种类型的关联交易中,商品销售、提供资金、占用资金、提供担保、接受担保、资产重组、其他收入、其他支出对操纵性应计利润的影响不显著,只有商品购买、提供劳务、接受劳务这三种类型的规模与操纵性应计利润呈现出显著正相关的关系,从而增发公司在增发当年发生的商品购买、提供劳务、接受劳务型关联交易的规模越大,操纵性应计利润越高。

表6-13 增发当年关联交易与盈余管理的回归结果
(被解释变量为操纵性应计利润)

解释变量	全部交易	商品购买	商品销售	提供劳务	接受劳务	提供资金
α_0	-3.379	-0.786***	-9.350	-1.459***	-0.273**	18.574
	(-0.45)	(-3.98)	(-0.53)	(-9.95)	(-2.02)	(0.45)
RPT	0.086	0.043***	0.354	0.113***	0.014*	-1.333
	(0.30)	(6.08)	(0.70)	(15.51)	(1.85)	(-0.57)
$Leverage$	3.813	0.064	6.867	-0.615***	0.105	22.002
	(0.85)	(0.56)	(0.92)	(-6.75)	(0.99)	(1.00)
$\Delta Sales$	-0.476	-0.010	-0.858	-0.193***	0.019*	-1.799
	(-0.93)	(-0.82)	(-1.19)	(-6.13)	(1.98)	(-0.64)
$Year$	YES	YES	YES	YES	YES	YES
R^2	0.331	0.378	0.029	0.146	0.146	0.080
解释变量	占用资金	提供担保	接受担保	资产重组	其他收入	其他支出
α_0	-5.369*	-2.286	-6.945	9.483	-1.478	-7.407
	(-1.90)	(-0.78)	(-0.47)	(0.53)	(-0.04)	(-0.87)
RPT	0.244	0.065	0.274	-1.081	-0.293	0.234
	(1.55)	(0.47)	(0.46)	(-1.21)	(-0.25)	(0.58)

续表

解释变量	占用资金	提供担保	接受担保	资产重组	其他收入	其他支出
Leverage	0.757	2.278	3.441	18.517	14.399	9.173
	(0.45)	(1.15)	(0.45)	(1.58)	(1.05)	(1.29)
$\Delta Sales$	-0.009	0.831	-0.782	-2.151	-1.692	-0.479
	(-0.07)	(1.80)	(-0.75)	(-1.57)	(-0.66)	(-0.68)
Year	YES	YES	YES	YES	YES	YES
R^2	0.318	0.816	0.013	0.062	0.029	0.023

注:(1) 表的第一列是解释变量,其余各列分别是使用不同类型的关联交易对盈余管理程度进行回归的结果。(2) *、**和***分别表示10%、5%和1%的显著性水平;括号内的数值为双侧t检验的t值;YES表示至少有一个年度虚拟变量在统计上显著。

关联交易与非经常性损益的回归结果(见表6-14)显示,增发公司在增发当年发生的全部关联交易对非经常性损益的影响不显著;在各种类型的关联交易中,商品销售、接受劳务、提供担保、接受担保、资产重组、其他收入、其他支出与非经常性损益无显著相关的关系,但是,商品购买、提供劳务、提供资金、占用资金与非经常性损益显著正相关,即增发公司在增发当年发生的上述类型的关联交易规模会显著提高非经常性损益的水平。

因此,增发公司在增发当年发生的商品购买、提供劳务的规模越大,操纵性应计利润和非经常性损益的水平越高,即盈余管理程度越高。

表6-14 增发当年关联交易与盈余管理的回归结果
(被解释变量为非经常性损益)

解释变量	全部交易	商品购买	商品销售	提供劳务	接受劳务	提供资金
α_0	-0.002	-0.122***	0.002	-0.028**	0.0001	-0.014
	(-0.13)	(-4.12)	(0.08)	(-2.36)	(0.00)	(-1.50)
RPT	0.0002	0.004***	0.0002	0.001***	0.0002	0.0001*
	(0.47)	(2.90)	(0.45)	(4.52)	(0.27)	(1.76)
Leverage	-0.001	0.095***	-0.008	0.017***	-0.007	-0.007
	(-0.18)	(5.18)	(-1.68)	(2.77)	(-0.63)	(-1.53)

6 不同动机下的关联交易与盈余管理

续表

解释变量	全部交易	商品购买	商品销售	提供劳务	接受劳务	提供资金
$\Delta Sales$	0.0001	−0.008	−0.0001	0.0004	0.0001	0.00001
	(0.30)	(−1.28)	(−0.45)	(0.35)	(0.10)	(0.03)
$Year$	YES	YES	YES	YES	YES	YES
R^2	0.005	0.360	0.029	0.259	0.005	0.234

解释变量	占用资金	提供担保	接受担保	资产重组	其他收入	其他支出
α_0	−0.069**	0.005	−0.0003	0.0008	−0.005	0.007
	(−2.57)	(0.09)	(−0.01)	(0.02)	(−0.31)	(0.16)
RPT	0.005***	−0.0001	−0.0001	−0.0001	0.0004	−0.0004
	(3.37)	(−0.54)	(−0.27)	(−0.27)	(1.14)	(−0.91)
$Leverage$	−0.029**	0.001	0.007	0.005	−0.003	0.001
	(−2.31)	(−1.08)	(0.81)	(1.20)	(−0.44)	(0.13)
$\Delta Sales$	−0.003	−0.008	−0.0004	−0.0001	0.0002	−0.00002
	(−1.17)	(−0.85)	(−0.24)	(−0.30)	(0.17)	(−0.05)
$Year$	YES	YES	YES	YES	YES	YES
R^2	0.348	0.030	0.013	0.025	0.104	0.008

注：(1) 表的第一列是解释变量，其余各列分别是使用不同类型的关联交易对盈余管理程度进行回归的结果。(2) *、**和***分别表示10%、5%和1%的显著性水平；括号内的数值为双侧 t 检验的 t 值；YES 表示至少有一个年度虚拟变量在统计上显著。

(3) 增发后一年关联交易对盈余管理的影响。

增发后一年关联交易与操纵性应计利润的回归结果表明，全部关联交易的规模对操纵性应计利润的影响不显著（见表 6−15）；在各类型关联交易中，商品购买、商品销售、提供劳务、提供资金、提供担保、接受担保、资产重组、其他收入、其他支出的规模与操纵性应计利润的关系均不显著，只有接受劳务和占用资金对操纵性应计利润有显著的影响。

表 6-15　　增发后一年关联交易与盈余管理的回归结果
（被解释变量为操纵性应计利润）

解释变量	全部交易	商品购买	商品销售	提供劳务	接受劳务	提供资金
α_0	-0.809	1.089	-1.633***	1.089	-1.284***	-1.436*
	(-0.46)	(0.29)	(-4.25)	(0.29)	(-4.96)	(-2.01)
RPT	0.010	-0.098	0.036	-0.098	0.059***	0.059
	(0.12)	(-1.48)	(1.77)	(-1.48)	(4.26)	(1.65)
$Leverage$	1.237	1.016	1.836***	1.016	0.683***	0.932**
	(1.21)	(0.48)	(6.21)	(0.48)	(3.10)	(2.19)
$\Delta Sales$	0.071	-0.113	-0.066	-0.113	0.129***	0.214
	(1.34)	(-0.51)	(-0.30)	(-0.51)	(7.36)	(0.96)
$Year$	YES	YES	YES	YES	YES	YES
R^2	0.042	0.541	0.441	0.866	0.631	0.840
解释变量	占用资金	提供担保	接受担保	资产重组	其他收入	其他支出
α_0	-1.109**	-1.099***	1.397	-3.739	-0.560**	-1.873*
	(-2.25)	(-5.49)	(0.95)	(-0.80)	(-2.23)	(-1.71)
RPT	0.057**	-0.009	-0.102	0.129	0.025	0.095
	(2.49)	(-1.44)	(-1.36)	(0.56)	(1.61)	(1.41)
$Leverage$	0.167	2.232***	1.152	3.231	0.519**	0.929
	(0.48)	(8.39)	(1.35)	(1.26)	(2.48)	(1.18)
$\Delta Sales$	0.081	-0.123	0.104	0.096	0.103***	0.138
	(1.68)	(-0.95)	(0.74)	(0.34)	(2.99)	(0.97)
$Year$	YES	YES	YES	YES	YES	YES
R^2	0.331	0.433	0.473	0.200	0.547	0.095

注：(1) 表的第一列是解释变量，其余各列分别是使用不同类型的关联交易对盈余管理程度进行回归的结果。(2) *、**和***分别表示10%、5%和1%的显著性水平；括号内的数值为双侧 t 检验的 t 值；YES 表示至少有一个年度虚拟变量在统计上显著。

增发当年关联交易与非经常性损益的回归结果（见表6-16）显示，全部关联交易对非经常性损益的影响不显著，除商品销售、占用资金、资产重组、其他收入、其他支出显著提高了非经常性损益外，其他类型的关联交易与非经常性损益无显著相关的关系。

6 不同动机下的关联交易与盈余管理

以上结果表明，在增发后一年，除占用资金这一关联交易类型外，增发公司发生的全部关联交易与绝大多数类型的关联交易对以操纵性应计利润和非经常性损益衡量的盈余管理程度的影响不再显著。

表6-16　　　　增发后一年关联交易与盈余管理的回归结果
（被解释变量为非经常性损益）

解释变量	全部交易	商品购买	商品销售	提供劳务	接受劳务	提供资金
α_0	-0.089***	0.010	-0.084***	0.004	-0.140***	-0.192
	(-2.92)	(0.18)	(-3.15)	(0.53)	(-3.89)	(-1.80)
RPT	0.003	-0.0004	0.003**	0.001	0.003	0.002
	(1.79)	(-0.71)	(2.10)	(0.60)	(1.57)	(0.39)
$Leverage$	0.078***	-0.006	0.082***	0.007	0.171***	0.270***
	(4.74)	(-0.68)	(3.83)	(0.60)	(5.74)	(5.02)
$\Delta Sales$	0.001	0.001	-0.010**	-0.001	0.00002	0.034
	(0.26)	(1.34)	(-2.44)	(-0.34)	(0.00)	(0.87)
$Year$	YES	YES	YES	YES	YES	YES
R^2	0.244	0.032	0.288	0.025	0.478	0.654
解释变量	占用资金	提供担保	接受担保	资产重组	其他收入	其他支出
α_0	-0.360**	-0.039***	0.027	-0.030	-0.148***	-0.185***
	(-2.57)	(-3.14)	(1.78)	(-1.73)	(-4.16)	(-4.88)
RPT	0.016**	-0.001	-0.001	0.002**	0.005**	0.009***
	(2.43)	(-1.69)	(-1.02)	(2.32)	(2.34)	(4.30)
$Leverage$	0.095	0.104***	-0.012	-0.008	0.161***	0.101***
	(1.13)	(5.62)	(-1.61)	(-0.68)	(6.49)	(3.87)
$\Delta Sales$	0.035	-0.007	0.001	0.001	-0.002	-0.003
	(1.63)	(-1.03)	(0.41)	(0.63)	(-0.39)	(-0.66)
$Year$	YES	YES	YES	YES	YES	YES
R^2	0.622	0.267	0.082	0.073	0.585	0.386

注：（1）表的第一列是解释变量，其余各列分别是使用不同类型的关联交易对盈余管理程度进行回归的结果。（2）**和***分别表示5%和1%的显著性水平；括号内的数值为双侧t检验的t值；YES表示至少有一个年度虚拟变量在统计上显著。

(4) 异常关联交易对增发前一年盈余管理的影响。

表 6-10 的描述性统计和上述回归结果表明,增发公司发生的全部交易以及商品购买、商品销售、提供劳务、接受劳务、占用资金、提供担保、接受担保、资产重组、其他收入、其他支出的金额在增发后一年均相对于增发前一年有明显下降。其中,增发公司在增发前一年和增发当年发生的商品购买和提供劳务型关联交易显著提高了盈余管理程度,但在增发后一年后,它们对盈余管理程度的影响不再显著。

因此,本书进一步以商品购买和提供劳务为考察对象,借鉴 Aharony 等(2005)的方法,将商品购买和提供劳务在增发前一年发生的金额减去增发后一年的金额作为异常关联交易,仍然采用方程(6.2),考察异常关联交易(ΔRPT)对增发前一年盈余管理程度的影响,结果分别如表 6-17 和表 6-18 所示。

表 6-17 的结果表明,异常商品购买与操纵性应计利润和非经常性损益均显著正相关,即商品购买的异常增加值显著提高了增发前一年的盈余管理程度。

表 6-17　　异常商品购买对增发前一年盈余管理程度影响的回归结果

解释变量	(1)	(2)
α_0	-0.110	0.001
	(-0.68)	(1.37)
ΔRPT	0.052***	0.00004*
	(38.74)	(1.91)
Leverage	-0.098	0.001
	(-0.91)	(1.10)
$\Delta Sales$	-0.027	-0.000
	(-0.71)	(-0.41)
Year	YES	YES
R^2	0.952	0.399

注:(1) 表的第一列是解释变量,第二列和第三列分别显示的是使用操纵性应计利润和非经常性损益作为盈余管理度量指标的结果。(2) * 和 *** 分别表示 10% 和 1% 的显著性水平;括号内的数值为双侧 t 检验的 t 值;YES 表示至少有一个年度虚拟变量在统计上显著。

6 不同动机下的关联交易与盈余管理

对异常提供劳务型关联交易的考察结果（见表 6-18）显示，增发公司的异常提供劳务对操纵性应计利润和非经常性损益的影响均显著为正，因此，提供劳务型关联交易的异常增加值也显著提高了增发前一年的盈余管理程度。

表 6-18 异常提供劳务对增发前一年盈余管理程度影响的回归结果

解释变量	(1)	(2)
α_0	0.006	-0.0001
	(0.14)	(-0.12)
ΔRPT	0.002***	0.0001**
	(3.05)	(2.32)
$Leverage$	0.018	0.001
	(0.38)	(0.66)
$\Delta Sales$	0.059***	-0.0002
	(3.54)	(-0.23)
$Year$	YES	YES
R^2	0.247	0.930

注：(1) 表的第一列是解释变量，第二列和第三列分别显示的是使用操纵性应计利润和非经常性损益作为盈余管理度量指标的结果。(2) **和***分别表示5%和1%的显著性水平；括号内的数值为双侧 t 检验的 t 值；YES 表示至少有一个年度虚拟变量在统计上显著。

6.3 ST 撤销动机下的关联交易与盈余管理

6.3.1 研究假设

ST 股是中国大陆证券市场中的一项特殊规定。我国《上海证券交易所股票上市规则》和《深圳证券交易所股票上市规则》规定：当一家上市公司连续亏损两年后，出现财务状况或其他状况异常，导致投资者难以判断公司前景，权益可能受到损害的，证券交易所在该上市公司名称前冠上 ST（Special Treatment），对公司股票交易实行特别处理；出现连续三年亏损等情况，其股票将暂停上市。如果在法律规定或许可的宽限期仍然不能扭亏为盈或发生实质性改变,其后果就是被摘牌。

郭嘉薇(2001)研究了我国大陆股市的 ST 公司,发现该类上市公司在被特别处理之前有明显的盈余管理行为。陆建桥(1999)的实证检验结果显示,为了避免公司因出现连续三年亏损而受到诸如暂停上市、终止上市等处罚,亏损上市公司在亏损年度及其前后普遍采取盈余管理行为;但并不是每一家上市公司在成为 ST 之前,都有兴趣进行盈余管理;对某些上市公司而言,在成为 ST 之前,可能考虑公司股票的流通性,而以操纵财务报表的方式延迟公司成为 ST;某些上市公司可能考虑股价炒作的利益,而想办法尽快成为 ST 股。但是,争取摘掉 ST 的上市公司必然会主动进行盈余管理。根据上述分析,本书提出假设 6.3:盈余管理能提高 ST 公司被撤销 ST 的可能性。

ST 的目的在于提醒投资者:名称前冠上 ST 的公司都是具有连续亏损特性的公司,所以具有高度的风险。另外,ST 股票的交易受到时间与涨跌停板的限制,所以,当投资者准备参与这种股票时,其流通性会受到影响。因此,被特别处理的上市公司往往会不择手段地进行盈余管理以尽快摘掉 ST 的"帽子"。而本书第 5 章的研究发现,关联交易是我国上市公司盈余管理过程普遍采取的手段。根据以上分析,本书提出假设 6.4:下一年度被撤销 ST 的上市公司比其他上市公司有更多的关联交易行为;且关联交易显著提高了下一年度被撤销 ST 的上市公司的盈余管理程度。

6.3.2 研究方法

(1)模型。

为探讨盈余管理是否能提高 ST 公司在下一年摘掉 ST "帽子"的可能性,本书设置 ST 公司在下一年度是否被撤销 ST 的虚拟变量(以 CST 表示),如果 ST 公司在下一年度被撤销 ST,CST 取值为 1,如果 ST 公司在下一年度未被撤销 ST,CST 则取 0。建立如下 Logistic 方程。

$$LogitCST = \alpha_0 + \alpha_1 EM + \sum_{j=1}^{11} \gamma_j Indu_j + \sum_{k=1}^{5} \lambda_k Year_k + \varepsilon \quad (6.3)$$

式中,$LogitCST$ 代表 ST 公司在下一年度是否被撤销 ST 的虚拟变量;EM 代表盈余管理程度;$Indu_j$ 和 $Year_k$ 分别是第 j 个行业和第 k 个年度虚拟变量；α_0 代表截距项；α_1、γ_j、λ_k 代表系数；ε 是残差。

为检验在下一年度被撤销 ST 的上市公司所发生的关联交易对其盈余管理程度的影响，建立如下多元线性回归方程。

$$EM = \beta_0 + \beta_1 RPT_i + \beta_2 Leverage + \beta_3 \Delta Sales + \sum_{k=1}^{5} \lambda_k Year_k + \varepsilon \tag{6.4}$$

式中，EM 代表盈余管理程度；RPT_i 代表关联交易及其各种类型的规模；$Leverage$ 代表反映公司财务杠杆的指标资产负债率；$\Delta Sales$ 代表反映公司成长性的指标营业收入增长率；$Year_k$ 分别代表以 2002 年为基准年度设置的 2003～2007 年 5 个年度虚拟变量；β_0 代表截距项；$\beta_1 \cdots \beta_3$、λ_k 代表系数；ε 是残差。

（2）样本和数据。

本书选取 2002～2007 年的所有 ST 公司作为样本，并剔除金融类上市公司和年报中没有完整地披露本研究所需数据的公司，最终得到 704 个样本观测值。其中，在下一年度被撤销 ST 的上市公司数为 223，未被撤销 ST 的上市公司数为 481。

6.3.3 描述性统计

本书分别对在下一年度被撤销 ST 的上市公司与下一年度未被撤销 ST 的上市公司所发生的关联交易及其各种类型的规模和盈余管理程度进行了描述性统计，结果如表 6-19 所示。在下一年度被撤销 ST 的上市公司发生的全部关联交易的平均金额为 50.0000，而未被撤销 ST 的上市公司全部关联交易的平均金额仅为 6.6600，可见，被撤销 ST 的上市公司发生全部关联交易的规模是未被撤销 ST 的上市公司的 7.5 倍之多。除提供资金、占用资金和其他支出外，对于下一年度被撤销 ST 的上市公司发生的下述各类型的关联交易：商品购买、商品销售、提供劳务、接受劳务、提供担保、接受担保、资产重组和其他收入，其平均规模均远大于未被撤销 ST 的上市公司的水平，而且，下一年度被撤销 ST 的上市公司发生商品购买、商品销售、接受劳务和接受担保的平均规模均为未被撤销 ST 的上市公司规模的 4 倍以上。

表 6-19　下一年度被撤销与未被撤销 ST 的上市公司
关联交易与盈余管理的描述性统计

项目	下一年度被撤销 ST 的上市公司		下一年度未被撤销 ST 的上市公司	
	样本数量	平均值	样本数量	平均值
全部交易	223	50.0000	481	6.6600
商品购买	223	1.9900	481	0.4520
商品销售	223	2.0200	481	0.4640
提供劳务	223	0.0210	481	0.0152
接受劳务	223	0.2600	481	0.0214
提供资金	223	0.0967	481	2.6500
占用资金	223	0.5270	481	1.5500
提供担保	223	0.4460	481	0.2120
接受担保	223	44.0000	481	0.7440
资产重组	223	0.3640	481	0.2110
其他收入	223	0.0312	481	0.0214
其他支出	223	0.2520	481	0.3180
操纵性应计利润	223	0.0217	481	0.0132
非经常性损益	223	0.0049	481	0.0037

在盈余管理程度方面，下一年度被撤销 ST 的上市公司的操纵性应计利润的平均值为 0.0217，大于未被撤销 ST 的上市公司 0.0132 的水平，而且，下一年度被撤销 ST 的上市公司的非经常性损益也大于未被撤销 ST 的上市公司，说明下一年度被撤销 ST 的上市公司较未被撤销 ST 的上市公司的盈余管理程度更高。

综上所述，对于下一年度被撤销 ST 的上市公司，不仅其盈余管理程度远高于未被撤销 ST 的上市公司，而且其所发生的全部关联交易及绝大多数交易类型的规模也远大于未被撤销 ST 的上市公司。

6.3.4　实证结果

（1）盈余管理程度对 ST 的上市公司是否能在下一年度被撤销 ST 可能性的影响。

为探讨盈余管理是否能提高的上市 ST 公司在下一年被撤销 ST 的可

6 不同动机下的关联交易与盈余管理

能性,对 2002~2007 年所有 ST 的上市公司对按方程 (6.3) 作 Logistic 回归,结果如表 6-20 所示。可以看出,下一年度是否被撤销 ST 的虚拟变量与操纵性应计利润在 10% 的水平上显著正相关,说明盈余管理程度越大,ST 的上市公司在下一年被撤销 ST 的可能性也越大。

表 6-20 盈余管理与下一年 ST 被撤销与否的 Logistic 回归结果

解释变量	(1)	(2)
α_0	-0.803	-0.604
	(-1.58)	(-1.23)
EM	4.477*	16.134
	(1.72)	(1.47)
Indu	YES	YES
Year	YES	YES
$Pseudo\ R^2$	0.037	0.030

注:(1) 表的第一列是解释变量,第二列和第三列分别显示的是使用操纵性应计利润和非经常性损益作为盈余管理度量指标的结果。(2) *表示 10% 的显著性水平;括号内的数值为双侧 t 检验的 t 值;YES 表示至少有一个年度或行业虚拟变量在统计上显著;$Pseudo\ R^2$ 为伪决定系数。

(2) 下一年度被撤销 ST 的上市公司发生的关联交易对盈余管理的影响。

以在下一年被撤销 ST 的上市公司为样本,对方程 (6.4) 进行回归,检验全部关联交易及其各种类型对盈余管理程度的影响,结果分别如表 6-21 和表 6-22 所示。

关联交易对操纵性应计利润影响的回归结果(见表 6-21)表明,全部关联交易的规模与操纵性应计利润显著正相关;在各种关联交易类型中,除商品购买和提供担保外,商品销售、提供劳务、接受劳务、提供资金、占用资金、接受担保、资产重组、其他收入、其他支出的系数显著为正,这表明,在下一年被撤销 ST 的上市公司为达到其撤销 ST 的目的,所进行的上述类型的关联交易显著提高了操纵性应计利润。

表6-21　下一年度被撤销ST的上市公司的关联交易与盈余管理的回归结果（被解释变量为操纵性应计利润）

解释变量	全部交易	商品购买	商品销售	提供劳务	接受劳务	提供资金
β_0	-0.740**	-0.0237	-0.104	0.00525	-1.943	-3.640
	(-3.27)	(-0.27)	(-1.76)	(0.00)	(-1.53)	(-1.63)
RPT	0.039***	0.001	0.006***	0.002*	0.124***	0.193*
	(4.63)	(0.73)	(4.64)	(1.91)	(4.19)	(2.34)
$Leverage$	0.001	0.011**	0.011***	0.009	0.295	0.514
	(0.28)	(2.80)	(5.56)	(1.04)	(1.54)	(1.89)
$\Delta Sales$	-0.0002	0.0001	-0.0001	-0.007***	0.001	0.121*
	(-0.11)	(0.19)	(-0.29)	(-5.92)	(0.07)	(2.64)
$Year$	YES	YES	YES	YES	YES	YES
R^2	0.131	0.113	0.370	0.712	0.447	0.914
解释变量	占用资金	提供担保	接受担保	资产重组	其他收入	其他支出
β_0	-1.245	-0.791	-2.104*	-1.022	-2.611***	-2.041***
	(-0.58)	(-1.51)	(-2.48)	(-1.41)	(-3.85)	(-4.24)
RPT	0.063*	0.044	0.117***	0.057**	0.156***	0.124***
	(1.92)	(1.65)	(3.57)	(2.11)	(5.90)	(5.49)
$Leverage$	0.148	0.0001	-0.039	0.086	0.290**	0.083
	(1.66)	(0.69)	(-0.30)	(0.77)	(3.09)	(1.29)
$\Delta Sales$	0.040	-0.0004	-0.003	0.001	-0.015	0.005
	(1.56)	(-0.06)	(-0.46)	(0.20)	(-1.92)	(0.65)
$Year$	YES	YES	YES	YES	YES	YES
R^2	0.613	0.368	0.162	0.117	0.562	0.403

注：(1) 表的第一列是解释变量，其余各列分别是使用不同类型的关联交易对盈余管理程度进行回归的结果。(2) *、**和***分别表示10%、5%和1%的显著性水平；括号内的数值为双侧 t 检验的 t 值；YES 表示至少有一个年度虚拟变量在统计上显著。

表6-22中关联交易对非经常性损益影响的结果表明，全部关联交易与非经常性损益未呈现出显著的相关关系；在各种关联交易类型中，商品购买、商品销售、提供劳务、提供资金、提供担保、接受担保、其他收入、其他支出对非经常性损益的影响不显著，只有接受劳务、占用

资金、资产重组这三种关联交易的规模与非经常性损益显著正相关。

可以看出,在下一年被撤销ST的上市公司为达到撤销ST的目的进行的接受劳务、占用资金、资产重组型关联交易均显著提高了以操纵性应计利润和非经常性损益衡量的盈余管理程度。

表6－22　下一年度被撤销ST的上市公司的关联交易与盈余管理的回归结果（被解释变量为非经常性损益）

解释变量	全部交易	商品购买	商品销售	提供劳务	接受劳务	提供资金
β_0	0.004	-0.0005	0.001	-0.003	-0.015	-0.006
	(0.42)	(-0.06)	(0.16)	(-1.00)	(-0.41)	(-0.55)
RPT	-0.0002	-0.0002	-0.0002	0.0001	0.001*	0.0003
	(-0.59)	(-0.49)	(-0.79)	(0.46)	(1.73)	(0.52)
$Leverage$	0.00002	0.005***	0.006***	0.006***	0.006***	0.002**
	(1.26)	(8.53)	(8.10)	(9.50)	(3.10)	(2.27)
$\Delta Sales$	-0.00002	0.00004	0.00005	-0.0001	0.0002	0.0009
	(-0.38)	(0.59)	(0.94)	(-1.56)	(1.15)	(1.19)
$Year$	YES	YES	YES	YES	YES	YES
R^2	0.026	0.560	0.509	0.841	0.426	0.883
解释变量	占用资金	提供担保	接受担保	资产重组	其他收入	其他支出
β_0	-0.014*	-0.010	-0.013	-0.022**	0.002	0.003
	(-2.51)	(-0.78)	(-0.73)	(-2.82)	(0.51)	(0.13)
RPT	0.001**	0.0001	0.0003	0.001***	-0.0003	-0.0002
	(2.82)	(0.93)	(0.37)	(2.76)	(-1.11)	(-0.25)
$Leverage$	0.0005	-0.00002	-0.0001	-0.0002	0.0001	0.00001
	(1.59)	(-0.05)	(-0.60)	(-1.17)	(0.84)	(0.13)
$\Delta Sales$	-0.001	0.00002***	0.010***	0.006***	0.006***	0.002***
	(-1.23)	(6.67)	(7.42)	(12.35)	(9.32)	(2.74)
$Year$	YES	YES	YES	YES	YES	YES
R^2	0.299	0.808	0.645	0.788	0.696	0.932

注:(1)表的第一列是解释变量,其余各列分别是使用不同类型的关联交易对盈余管理程度进行回归的结果。(2) *、**和***分别表示10%、5%和1%的显著性水平;括号内的数值为双侧t检验的t值;YES表示至少有一个年度虚拟变量在统计上显著。

6.4 股权分置改革前后的关联交易与盈余管理

6.4.1 研究假设

2005年4月29日,中国证监会发布了《关于上市公司股权分置改革试点有关问题的通知》,宣布了股权分置改革试点工作的启动。股权分置是我国经济转型和资本市场发展过程中,由于改革不配套和制度设计缺陷所形成的历史遗留问题。由于股权分置,资本流动存在非流通股协议转让和流通股竞价交易两种价格,造成了同股不同权、同股不同利和同股不同价的不正常现象,扭曲了资本市场的定价机制,严重制约了资本市场资源配置功能的有效发挥;公司股价难以对大股东、管理层形成市场化的激励和约束,公司治理缺乏共同的利益基础(吴晓求,2006),甚至成为上市公司疯狂追求高溢价股权融资的制度基础(陈明等,2005)。

股权分置改革的实施是我国为解决经济体制转轨过程中形成的股权分置问题、建立全面市场化机制的重大举措,是我国股票市场发展的分水岭。2005年5月9日,中国证监会公布了首批4家股权分置改革试点公司名单;2005年6月19日,中国证监会公布第二批42家试点公司名单;2005年8月,股权分置改革全面推开;2006年12月31日,全面股改第64批32家公司公布。截至2007年12月31日,沪深股市共有1 305家上市公司实行股权分置改革。[①]

股权分置改革是通过非流通股股东和流通股股东之间的利益平衡协商机制,消除A股市场股份转让制度性差异的过程。[②] 非流通股股东通过对流通股股东进行一定数额的经济补偿(对价,Consideration)来换取自己手中非流通股股票的流通权,从而在限定时间内实现非流通股的全流通。因此,股改公平与否集中体现为对价支付是否公平、合理。一方面,对于非流通股股东,对价是其为了获得股票流通权而付出的代

[①] 资料来源:根据 CCER™ 中国证券市场数据库的数据统计计算而得。
[②] 中国证券监督管理委员会:《上市公司股权分置改革管理办法》,2005 - 09 - 04。

价，对价越高，非流通股股东获得的利益越少；另一方面，因对价的支付所带来的非流通股比例的下降可能使控股股东的控制权受到威胁。因此，股权分置改革中对价的确定过程就是流通股股东与非流通股股东之间为实现各自利益最大化相互博弈的过程。虽然经济补偿的具体方式和数额由非流通股股东与流通股股东双方谈判来确定。但是，中国证监会于 2005 年 9 月 4 日发布的《上市公司股权分置改革管理办法》规定：公司股权分置改革动议，原则上应当由全体非流通股股东一致同意提出；未能达成一致意见的，也可以由单独或者合并持有公司三分之二以上非流通股份的股东提出。由于非流通股股份在上市公司所有股份的比重中占绝对优势，在对价过程中处于完全垄断或寡头垄断地位，买卖流通权的市场并不是完全竞争的市场。在股改过程中，非流通股股东并不情愿将本属于自己的股份出让给流通股股东，通常出现非流通股股东压低对价的行为倾向，而流通股股东则会通过所赋予的投票权来想方设法地抬高对价，但更多情况下，流通股股东处于分散化状态，缺乏对价格的影响力。

因此，有学者提出，为了降低对价水平，上市公司可能在股权分置改革之前进行盈余管理，报告比实际水平更低的盈余，以压低股票价格，进而在股权分置改革中获利。王咏梅和杨阳（2007）的研究发现，为了降低股权分置改革方案中非流通股股东支付给流通股股东的对价水平，当年进行股权分置改革的上市公司会利用资产减值准备进行盈余管理，以降低股改前一年度盈余。郑金国等（2009）的研究结果表明，2006 年公告股改的上市公司，为达成对非流通股股东有利的股改方案，在 2005 年的年报中普遍采取了故意降低盈利的盈余管理手段；而在 2005 年完成股改的公司，并没有在 2005 年的年报中体现出针对股改的盈余管理。张爱民和常佩佩（2007）的研究也发现，股权分置改革方案出台的前一个季度，股改公司进行了调低利润的盈余管理，而且，低对价股改公司比高对价股改公司有更显著的盈余管理水平。

根据上述学者的研究，上市公司在股权分置改革之前，为降低股权分置改革方案中非流通股股东支付给流通股股东的对价水平，会进行盈余管理，报告比实际水平更低的盈余。而本书第 5 章显示，关联交易由于其交易主体的复杂性、交易方式的多样性和交易的隐蔽性，成为上市公司盈余管理过程中普遍采取的手段。因此，本书提出假设6.5：实施股权分置改革的公司在股改前一年的关联交易显著提高了盈余管理程度，但股改后一年的关联交易对盈余管理程度的影响不显著。

6.4.2 研究方法

（1）模型。

为检验股改公司是否通过关联交易进行盈余管理，建立如下方程。

$$EM = \alpha_0 + \alpha_1 RPT_i + \alpha_2 Leverage + \alpha_3 \Delta Sales + Year + \varepsilon \quad (6.5)$$

式中，EM 代表盈余管理程度；RPT_i 代表关联交易及其各种类型的规模；$Leverage$ 代表反映公司财务杠杆的指标资产负债率；$\Delta Sales$ 代表反映公司成长性的指标营业收入增长率；$Year$ 代表以2006年为基准设置的年度虚拟变量；α_0 代表截距项；$\alpha_1 \cdots \alpha_3$ 代表系数；ε 是残差。

（2）样本和数据。

本书选取2006年和2007年发布股权分置改革公告的上市公司作为样本，并剔除金融类上市公司和年报中没有完整地披露本研究所需数据的公司，最终得到852个样本观测值，考察股改前后关联交易对盈余管理的影响。本书未将2005年进行股权分置改革公告的上市公司纳入考察对象，原因在于：股权分置改革始于2005年4月，在2005年进行股权分置改革的上市公司已经将其前一年的年报对外公布，它们不大可能预先在2004年利用关联交易进行针对股权分置改革的盈余管理行为。

（3）描述性统计。

如表6-23所示，实行股权分置改革的上市公司发生的全部关联交易的平均值在股改当年相对于前一年有所增加，但股改后一年该值又减少，且股改后一年的平均值远远小于股改前一年。商品购买、商品销售、接受劳务、提供担保、接受担保和资产重组这六种类型的关联交易的平均规模均在股改前一年、股改当年和股改后一年呈现出先增后减的趋势，且这些类型关联交易在股改前一年的发生规模均远大于股改后一年。提供劳务、提供资金和其他支出的平均规模也呈现出先增后减的趋势，但它们在股改后一年的发生规模是大于股改前一年发生规模的。其他收入的平均值在股改前一年、股改当年和股改后一年呈现出递减的趋势。占用资金的平均值则呈现出递增的趋势。2002~2008年全部上市公司所发生的关联交易的总金额和总次数是不断攀升的。但实行股权分置改革的上市公司发生的关联交易中，全部关联交易、商品购买、商品销售、接受劳务、提供担保、接受担保、资产重组、其他收入在股改后一年的发生规模均远远小于股改前一年，这与全部上市公司关联交易的变动趋势是相反的。

表6-23　2006~2007年股改公司在股改当年及股改前后年度发生的关联交易和盈余管理的描述性统计

项目	股改前一年	股改当年	股改后一年
全部交易	17.3889	18.4129	15.6469
商品购买	9.2610	9.9690	8.8038
商品销售	9.1318	9.7553	8.5544
提供劳务	2.8396	3.3776	2.8402
接受劳务	6.1034	6.7033	5.0850
提供资金	1.1951	1.8745	1.9198
占用资金	1.5727	2.5727	2.8568
提供担保	2.8784	3.6665	2.7221
接受担保	7.4110	8.3943	7.1188
资产重组	5.1554	6.1116	4.7471
其他收入	4.4920	4.3938	4.0337
其他支出	6.6317	7.6253	7.1746
操纵性应计利润	0.0183	0.0469	0.0142
非经常性损益	0.0065	0.0027	0.0022

在盈余管理程度方面，操纵性应计利润的平均值在股改前一年为0.0183，股改当年为0.0469，但在股改后一年又降至0.0142。非经常性损益在股改前一年和股改当年的水平也明显大于股改后一年的水平。可以看出，实行股权分置改革的上市公司在股改前一年和股改当年的盈余管理程度高于股改后一年的水平。

6.4.3 股权分置改革公司股改前一年、股改当年和股改后一年关联交易对盈余管理的影响

(1) 股改前一年关联交易对盈余管理的影响。

股改前一年发生的关联交易及其各种类型与盈余管理程度的回归结果如表6-24和表6-25所示。股权分置改革前一年全部关联交易的规模与操纵性应计利润显著正相关,即上市公司在股改前一年发生的全部关联交易的规模越大,操纵性应计利润越高;除其他收入交易对操纵性应计利润的影响不显著外,商品购买、商品销售、提供劳务、接受劳务、提供资金、占用资金、提供担保、接受担保、资产重组、其他支出的规模对操纵性应计利润的影响均显著为正。

表6-24 股权分置改革前一年关联交易与盈余管理的回归结果
(被解释变量为操纵性应计利润)

解释变量	全部交易	商品购买	商品销售	提供劳务	接受劳务	提供资金
α_0	-0.256***	-0.139***	-0.085***	-0.057***	-0.123***	-0.063*
	(-8.05)	(-7.16)	(-5.07)	(-38.74)	(-4.91)	(-1.69)
RPT	0.014***	0.009***	0.006***	0.006***	0.008***	0.003*
	(9.09)	(8.92)	(6.55)	(23.50)	(6.43)	(1.70)
$Leverage$	-0.001	0.006**	0.004	0.005***	0.015***	0.058**
	(-0.53)	(1.97)	(1.46)	(13.75)	(3.66)	(2.35)
$\Delta Sales$	0.003	0.007	0.002	-0.044***	0.018*	-0.003
	(0.43)	(0.96)	(0.32)	(-36.65)	(1.92)	(-0.22)
$Year$	YES	YES	YES	YES	YES	YES
R^2	0.096	0.155	0.087	0.989	0.271	0.128
解释变量	占用资金	提供担保	接受担保	资产重组	其他收入	其他支出
α_0	-0.359***	-0.250***	-0.095***	-0.039	-0.033	-0.566***
	(-5.50)	(-9.23)	(-4.14)	(-1.27)	(-0.50)	(-8.57)
RPT	0.018***	0.015***	0.006***	0.004**	0.004	0.036***
	(4.99)	(10.10)	(5.35)	(2.14)	(1.26)	(10.37)

6 不同动机下的关联交易与盈余管理

续表

解释变量	占用资金	提供担保	接受担保	资产重组	其他收入	其他支出
$Leverage$	0.124***	-0.001***	-0.007***	0.001	-0.010	0.014
	(2.90)	(-7.26)	(-2.59)	(0.26)	(-0.39)	(0.88)
$\Delta Sales$	-0.031	0.014***	-0.005	-0.003	-0.006	0.007
	(-1.11)	(3.63)	(-1.22)	(-0.42)	(-0.25)	(0.25)
Year	YES	YES	YES	YES	YES	YES
R^2	0.354	0.554	0.089	0.102	0.007	0.230

注：(1) 表的第一列是解释变量，其余各列分别是使用不同类型的关联交易对盈余管理程度进行回归的结果。(2) *、**和***分别表示10%、5%和1%的显著性水平；括号内的数值为双侧t检验的t值；YES表示年度虚拟变量在统计上显著。

以另一衡量盈余管理程度的指标非经常性损益进行回归的结果（见表6-25）显示，全部关联交易的系数显著为正，即全部关联交易的规模越大，非经常性损益的水平越高；除商品销售、占用资金、提供担保、其他收入这些类型的关联交易外，商品购买、提供劳务、接受劳务、提供资金、接受担保、资产重组和其他支出的规模与非经常性损益呈现出显著正相关的关系。

表6-25 股权分置改革前一年关联交易与盈余管理的回归结果
（被解释变量为非经常性损益）

解释变量	全部交易	商品购买	商品销售	提供劳务	接受劳务	提供资金
α_0	-0.006	-0.009***	0.0001	-0.0003	-0.015***	-0.011**
	(-1.17)	(-4.68)	(0.10)	(-0.48)	(-3.85)	(-2.45)
RPT	0.004*	0.001***	0.0001	0.0001***	0.001***	0.001***
	(1.71)	(6.01)	(1.47)	(4.80)	(4.23)	(3.11)
$Leverage$	-0.000	0.001***	-0.0001	0.0002	0.004***	0.001
	(-0.01)	(3.67)	(-0.48)	(1.53)	(6.07)	(0.41)
$\Delta Sales$	0.002	-0.002	-0.003***	-0.001***	0.002	0.002
	(0.13)	(-1.63)	(-4.92)	(-2.62)	(1.37)	(1.03)
Year	YES	YES	YES	YES	YES	YES
R^2	0.034	0.128	0.061	0.063	0.231	0.163

续表

解释变量	占用资金	提供担保	接受担保	资产重组	其他收入	其他支出
α_0	-0.007	-0.002	-0.003	-0.009**	0.003	-0.063**
	(-1.07)	(-0.34)	(-1.34)	(-2.03)	(0.15)	(-2.50)
RPT	0.001	0.0002	0.0003*	0.001***	0.0001	0.004***
	(1.37)	(0.78)	(1.88)	(2.62)	(0.10)	(3.25)
Leverage	0.0001	-0.00004**	0.001	0.0003	0.001	-0.003
	(0.02)	(-2.03)	(1.30)	(1.52)	(0.13)	(-0.19)
$\Delta Sales$	0.002	-0.0001	-0.0001	0.0007	0.0003	0.001
	(0.72)	(-0.11)	(-0.10)	(0.66)	(0.07)	(0.27)
Year	YES	YES	YES	YES	YES	YES
R^2	0.034	0.064	0.021	0.029	0.010	0.028

注：(1) 表的第一列是解释变量，其余各列分别是使用不同类型的关联交易对盈余管理程度进行回归的结果。(2) *、**和***分别表示10%、5%和1%的显著性水平；括号内的数值为双侧 t 检验的 t 值；YES 表示年度虚拟变量在统计上显著。

可以看出，股权分置改革公司在股改前一年发生的全部关联交易的规模越大，盈余管理程度越高；股改公司在股改前一年发生的各类型关联交易中，商品购买、提供劳务、接受劳务、提供资金、接受担保、资产重组和其他支出显著提高了以操纵性应计利润和非经常性损益衡量的盈余管理程度。

(2) 股改当年关联交易对盈余管理的影响。

股改当年关联交易与操纵性应计利润的回归结果（见表6-26）显示，全部关联交易对操纵性应计利润的影响显著为正；各类型关联交易中，除商品销售和其他收入以外，商品购买、提供劳务、接受劳务、提供资金、占用资金、提供担保、接受担保、资产重组和其他支出的规模均与操纵性应计利润呈现出显著正相关的关系。

6 不同动机下的关联交易与盈余管理

表6-26 股权分置改革当年关联交易与盈余管理的回归结果
(被解释变量为操纵性应计利润)

解释变量	全部交易	商品购买	商品销售	提供劳务	接受劳务	提供资金
α_0	-1.243***	-0.260***	-0.009	-1.964	-1.986***	-0.107**
	(-3.78)	(-7.57)	(-0.03)	(-1.60)	(-3.10)	(-2.37)
RPT	0.067***	0.015***	0.005	0.138**	0.139***	0.008**
	(4.12)	(8.98)	(0.36)	(2.21)	(3.84)	(3.27)
$Leverage$	-0.008	0.025***	-0.022	0.076	-0.398	-0.001***
	(-0.25)	(6.20)	(-0.20)	(0.12)	(-0.93)	(-6.03)
$\Delta Sales$	-0.010	-0.006	-0.023	-0.215	-0.110	-0.001
	(-0.22)	(-0.67)	(-0.30)	(-0.93)	(-0.64)	(-1.22)
$Year$	YES	YES	YES	YES	YES	YES
R^2	0.021	0.173	0.005	0.014	0.042	0.305
解释变量	占用资金	提供担保	接受担保	资产重组	其他收入	其他支出
α_0	-1.438**	-0.082***	-0.281***	-0.427***	-0.199	-1.630**
	(-2.59)	(-3.70)	(-5.17)	(-3.12)	(-0.23)	(-2.00)
RPT	0.089***	0.005***	0.016***	0.025***	0.030	0.163***
	(2.84)	(4.36)	(5.88)	(3.33)	(0.61)	(4.58)
$Leverage$	-0.0004	0.005*	-0.010**	-0.010**	-0.056	-1.184
	(-0.24)	(1.82)	(-2.44)	(-2.16)	(-0.24)	(-1.65)
$\Delta Sales$	-0.016	0.019***	0.004	0.050***	-0.001	0.047
	(-1.36)	(2.83)	(0.86)	(2.66)	(-0.00)	(0.31)
$Year$	YES	YES	YES	YES	YES	YES
R^2	0.079	0.128	0.095	0.094	0.003	0.057

注:(1)表的第一列是解释变量,其余各列分别是使用不同类型的关联交易对盈余管理程度进行回归的结果。(2)*、**和***分别表示10%、5%和1%的显著性水平;括号内的数值为双侧t检验的t值;YES表示年度虚拟变量在统计上显著。

关联交易与非经常性损益的回归结果(见表6-27)表明,股改公司在当年发生的全部关联交易的规模与操纵性应计利润显著正相关;除商品销售和其他支出以外,商品购买、提供劳务、接受劳务、提供资金、占用资金、提供担保、接受担保、资产重组、其他收入的系数也显著为正。

表6-27　股权分置改革当年关联交易与盈余管理的回归结果
（被解释变量为非经常性损益）

解释变量	全部交易	商品购买	商品销售	提供劳务	接受劳务	提供资金
α_0	-0.031***	-0.012***	-0.001	0.001	-0.038***	-0.006
	(-5.62)	(-2.69)	(-0.53)	(0.66)	(-13.13)	(-1.05)
RPT	0.002***	0.001***	0.0001	0.0002**	0.001***	0.001*
	(6.35)	(3.60)	(0.95)	(2.23)	(8.48)	(1.81)
$Leverage$	0.0001	0.001**	0.003***	-0.002**	0.023***	-0.00003
	(0.26)	(2.44)	(-3.32)	(-2.12)	(12.04)	(-1.63)
$\Delta Sales$	0.0002	-0.001	-0.007	0.0002	0.001	0.0001
	(0.23)	(-0.82)	(-1.45)	(1.52)	(1.59)	(0.82)
$Year$	YES	YES	YES	YES	YES	YES
R^2	0.070	0.114	0.027	0.233	0.822	0.067
解释变量	占用资金	提供担保	接受担保	资产重组	其他收入	其他支出
α_0	-0.067***	-0.010***	-0.012**	-0.015***	-0.026**	-0.004
	(-3.24)	(-2.73)	(-2.18)	(-3.67)	(-2.23)	(-0.42)
RPT	0.004***	0.001***	0.001**	0.001***	0.002***	0.001
	(3.66)	(3.12)	(2.25)	(4.57)	(2.87)	(1.64)
$Leverage$	0.0001	0.001***	0.004***	-0.001***	-0.0004	-0.0004
	(0.94)	(2.96)	(2.93)	(-3.01)	(-0.38)	(-0.18)
$\Delta Sales$	-0.0004	0.003***	-0.002	0.0004	0.004	0.003
	(-0.91)	(3.44)	(-0.63)	(1.06)	(0.83)	(1.28)
$Year$	YES	YES	YES	YES	YES	YES
R^2	0.117	0.153	0.114	0.259	0.046	0.013

注：(1) 表的第一列是解释变量，其余各列分别是使用不同类型的关联交易对盈余管理程度进行回归的结果。(2) *、**和***分别表示10%、5%和1%的显著性水平；括号内的数值为双侧t检验的t值；YES表示年度虚拟变量在统计上显著。

因此，股权分置改革公司在股改当年发生的全部关联交易以及商品购买、提供劳务、接受劳务、提供资金、占用资金、提供担保、接受担保和资产重组的规模越大，操纵性应计利润和非经常性损益越高，即盈余管理程度越高。

(3) 股改后一年关联交易对盈余管理的影响。

表 6-28 是股改后一年关联交易与操纵性应计利润的回归结果，可以看出，股权分置改革后一年的回归结果与股改前一年和股改当年的结果有相当大的差异。股改后一年，全部关联交易的规模对操纵性应计利润的影响不显著；所有关联交易类型中，只有商品购买、接受劳务、占用资金和其他支出的系数显著为正，其他各种类型的关联交易如商品销售、提供劳务、提供资金、提供担保、接受担保、资产重组、其他收入对操纵性应计利润的影响均不再显著。

表 6-28   股权分置改革后一年关联交易与盈余管理的回归结果
（被解释变量为操纵性应计利润）

解释变量	全部交易	商品购买	商品销售	提供劳务	接受劳务	提供资金
α_0	-1.225	-1.372***	-3.214	-0.026	-1.992***	0.323
	(-0.88)	(-6.11)	(-0.98)	(-0.07)	(-5.87)	(0.05)
RPT	0.062	0.069***	0.156	0.004	0.114***	-0.011
	(1.20)	(10.17)	(1.47)	(0.38)	(11.15)	(-0.04)
$Leverage$	-0.0001	0.069	0.283	-0.004	0.029	-0.015
	(-0.00)	(0.84)	(0.52)	(-0.06)	(0.90)	(-1.04)
$\Delta Sales$	-0.003	-0.017	-0.021	-0.002	0.031***	-0.080
	(-0.05)	(-0.76)	(-0.20)	(-0.33)	(3.22)	(-0.39)
$Year$	YES	YES	YES	YES	YES	YES
R^2	0.022	0.199	0.058	0.012	0.333	0.013
解释变量	占用资金	提供担保	接受担保	资产重组	其他收入	其他支出
α_0	-0.429	0.020	-5.368	-1.206	0.045	-2.994
	(-1.05)	(0.04)	(-0.73)	(-0.19)	(0.00)	(-1.37)
RPT	0.024**	-0.007	0.280	0.062	0.018	0.164***
	(2.56)	(-0.36)	(1.21)	(0.71)	(0.09)	(2.60)
$Leverage$	-0.001	0.174	-0.219	0.026	-0.480	-0.024
	(-1.34)	(1.52)	(-0.39)	(0.05)	(-1.08)	(-0.08)

续表

解释变量	占用资金	提供担保	接受担保	资产重组	其他收入	其他支出
$\Delta Sales$	0.008	0.157 ***	-0.039	-0.039	-0.025	-0.029
	(0.47)	(5.61)	(-0.15)	(-0.12)	(-0.08)	(-0.27)
Year	YES	YES	YES	YES	YES	YES
R^2	0.205	0.245	0.005	0.023	0.010	0.020

注：(1) 表的第一列是解释变量，其余各列分别是使用不同类型的关联交易对盈余管理程度进行回归的结果。(2) ** 和 *** 分别表示 5% 和 1% 的显著性水平；括号内的数值为双侧 t 检验的 t 值；YES 表示年度虚拟变量在统计上显著。

表 6-29 中关联交易与非经常性损益的回归结果显示，全部关联交易的系数虽然为正，但是各类型的关联交易中，除商品购买、商品销售、接受劳务、资产重组和其他支出外，其他各类型的关联交易与非经常性损益的关系不再显著为正。

表 6-29　股权分置改革后一年关联交易与盈余管理的回归结果
（被解释变量为非经常性损益）

解释变量	全部交易	商品购买	商品销售	提供劳务	接受劳务	提供资金
α_0	-1.074 ***	-2.425 ***	-0.299 ***	0.00219	-0.532 ***	0.004
	(-12.61)	(-18.43)	(-7.93)	(0.05)	(-7.20)	(0.77)
RPT	0.059 ***	0.122 ***	0.015 ***	-0.0001	0.032 ***	-0.0001
	(14.04)	(20.73)	(9.40)	(-0.43)	(14.22)	(-0.61)
Leverage	0.004	0.402 ***	0.025 **	0.004	-0.004	-0.0001 ***
	(0.81)	(6.00)	(2.18)	(1.10)	(-0.22)	(-4.10)
$\Delta Sales$	-0.005	-0.103 ***	0.001	-0.001	-0.022 ***	-0.0001
	(-1.01)	(-5.44)	(0.90)	(-0.35)	(-3.31)	(-0.66)
Year	YES	YES	YES	YES	YES	YES
R^2	0.236	0.517	0.178	0.004	0.436	0.182
解释变量	占用资金	提供担保	接受担保	资产重组	其他收入	其他支出
α_0	-0.047	-0.023 **	0.003	-0.041 ***	-0.006	-0.330 ***
	(-1.49)	(-2.00)	(0.47)	(-4.38)	(-0.09)	(-6.55)

6 不同动机下的关联交易与盈余管理

续表

解释变量	占用资金	提供担保	接受担保	资产重组	其他收入	其他支出
RPT	0.003	0.001	-0.0001	0.002***	0.0003	0.019***
	(1.66)	(1.05)	(-0.30)	(6.67)	(0.40)	(10.80)
Leverage	-0.0001	0.019***	-0.0001	0.001	0.006	-0.015
	(-0.52)	(5.30)	(-0.48)	(0.59)	(0.31)	(-0.72)
ΔSales	-0.0005	0.0002	-0.0001	-0.001	-0.001	-0.004**
	(-0.27)	(0.20)	(-0.26)	(-1.22)	(-0.48)	(-2.08)
Year	YES	YES	YES	YES	YES	YES
R^2	0.054	0.237	0.008	0.168	0.023	0.240

注：(1) 表的第一列是解释变量，其余各列分别是使用不同类型的关联交易对盈余管理程度进行回归的结果。(2) **和***分别表示5%和1%的显著性水平；括号内的数值为双侧 t 检验的 t 值；YES 表示年度虚拟变量在统计上显著。

因此，在股改后一年，除商品购买、接受劳务和其他支出显著提高了以操纵性应计利润和非经常性损益衡量的盈余管理程度外，股改公司发生的全部关联交易与绝大多数类型的关联交易对盈余管理程度的影响不再显著。

(4) 异常关联交易对股改前一年盈余管理的影响。

表6-23的描述性统计和上述回归结果表明，商品购买、商品销售、接受劳务、提供担保、接受担保、资产重组、其他收入方关联交易的规模均在股改后一年相对于股改前一年有明显下降，这与全部上市公司关联交易的变动趋势相反。其中，接受担保和资产重组型关联交易在股改前一年和股改当年显著提高了股改公司的盈余管理程度，但在股改后一年，它们对盈余管理程度的提高作用不再显著。因此，本书进一步以接受担保和资产重组型关联交易为对象，考察异常接受担保和资产重组型关联交易（接受担保和资产重组在股改前一年的金额相对于股改后一年的增加值）对股改前一年盈余管理程度的影响，对方程（6.5）进行回归，结果如表6-30和表6-31所示。

异常接受担保型关联交易的发生规模与操纵性应计利润显著正相关，也就是说，实行股权分置改革的上市公司发生的接受担保型关联交易在股改前一年的异常增加值显著提高了股改前一年的操纵性应计利润

(见表6-30)。

表6-30 异常接受担保型关联交易对股改前一年盈余管理程度影响的回归结果

解释变量	(1)	(2)
α_0	-0.021***	0.001**
	(-6.19)	(2.01)
ΔRPT	0.001***	-0.00002
	(2.90)	(-1.55)
Leverage	-0.002	-0.001
	(-0.42)	(-1.44)
$\Delta Sales$	0.003	0.002***
	(1.64)	(4.69)
Year	YES	YES
R^2	0.088	0.076

注:(1)表的第一列是解释变量,第二列和第三列分别显示的是使用操纵性应计利润和非经常性损益作为盈余管理度量指标的结果。(2) **和***分别表示5%和1%的显著性水平;括号内的数值为双侧 t 检验的 t 值;YES表示年度虚拟变量在统计上显著。

表6-31中异常资产重组型关联交易和股改前一年盈余管理程度的回归结果表明,异常资产重组对操纵性应计利润的影响显著为正,从而股改公司在股改前一年资产重组的异常增加值也显著提高了股改前一年的操纵性应计利润。

表6-31 异常资产重组型关联交易对股改前一年盈余管理程度影响的回归结果

解释变量	(1)	(2)
α_0	-8.888***	0.002***
	(-61.91)	(4.55)
ΔRPT	0.011*	0.00003
	(1.67)	(1.11)

续表

解释变量	(1)	(2)
Leverage	0.245	0.000
	(1.49)	−0.01
Δ*Sales*	−0.152	−0.001
	(−0.67)	−1.27
Year	YES	YES
R^2	0.150	0.088

注：(1) 表的第一列是解释变量，第二列和第三列分别显示的是使用操纵性应计利润和非经常性损益作为盈余管理度量指标的结果。(2) * 和***分别表示10%和1%的显著性水平；括号内的数值为双侧 *t* 检验的 *t* 值；YES 表示年度虚拟变量在统计上显著。

6.5 小结

本章针对具有不同盈余管理动机的上市公司，分别对配股公司、增发公司、ST 公司和股权分置改革公司股改前后进行实证研究，研究结果显示，上市公司为达到不同的盈余管理目的，使用了不同手段的关联交易类型，具体结论如下：

（1）配股公司为实现其配股的目的，满足"近3个会计年度加权平均净资产收益率平均不低于6%"的门槛，会在配股前一年较异常地增加商品购买和提供劳务型关联交易，且商品购买和提供劳务在配股前一年和配股当年均显著提高了上市公司的盈余管理程度；但在配股后一年，配股公司的商品购买和提供劳务提高盈余管理程度的现象不复存在。而且，配股公司商品购买和提供劳务在配股前一年相对于配股后一年的异常增加值也显著提高了配股前一年的盈余管理程度。

（2）为实现增发新股的目的，上市公司也会在增发前一年和增发当年提高商品购买和提供劳务型关联交易的规模，且商品购买和提供劳务交易在增发前一年和增发当年显著提高了上市公司的盈余管理程度，但在增发后一年，它们对盈余管理程度的影响不再显著。而且，增发公司商品购买和提供劳务在增发前一年的异常增加对增发前一年的盈余管理程度有显著提高的影响。

（3）ST公司在被ST后的盈余管理程度越大，其在下一年度被撤销ST的可能性越大。在下一年度被撤销ST的上市公司为达到其在下一年度"摘帽"的目的，会大规模进行接受劳务、占用资金、资产重组型关联交易，而且，这些类型关联交易的规模显著提高了盈余管理程度。

（4）实行股权分置改革的公司为在股改前降低对价水平的盈余管理，会增加接受担保和资产重组型关联交易，而且，这些类型的关联交易的规模均显著提高了股改公司在股改前一年和股改当年的盈余管理程度。但在股改后一年，股改公司发生的全部关联交易与绝大多数类型的关联交易对盈余管理程度的影响不再显著。

魏明海等（2000）、陈小悦等（2000）、陆建桥（2002）、郑金国等（2009）的实证研究证实，我国上市公司在IPO、配股增发、面临亏损、实行股权分置改革时会进行大规模的盈余管理行为。Aharony等（2005）对我国IPO上市公司的研究发现，拟上市公司在上市前通过关联方商品和服务的出售进行了盈余管理。本章在上述学者研究的基础上，对配股公司、增发公司、被ST的上市公司以及股权分置改革前后的关联交易与盈余管理的关系进行了实证检验，结果发现，上述类型的公司确实为迎合其盈余管理动机频繁使用关联交易这一手段，而且，不同动机下使用的关联交易类型也不尽相同。

本章的结论也在一定程度上反映出我国监管制度的约束对上市公司关联交易和盈余管理的关系产生了重要的影响。如按照我国《上市公司新股发行管理办法》和《关于上市公司增发新股有关条件的通知》的规定，上市公司需要满足净资产收益率的门槛，而且，上市公司的加权平均净资产收益率应以扣除非经常性损益后的净利润与扣除前的净利润两者中较低者为准。由于这一条件的限制，需要再融资的上市公司即使通过线下项目的盈余管理手段产生巨额的利润，这些利润都会因为"ROE应以扣除非经常性损益后的净利润与扣除前的净利润两者中较低者为准"这一规定而对上市公司满足净资产收益率的门槛毫无贡献。本章的实证研究发现，虽然属于线下项目的关联交易类型较线上项目的类型更容易被隐藏和操纵，而且被ST的上市公司和股改公司在盈余管

6 不同动机下的关联交易与盈余管理

理过程中较多地应用,但是,实行配股、增发的上市公司更倾向通过增加商品购买和提供劳务这些属于线上项目的类型来实现它们盈余管理、再融资的目的。也就是说,虽然我国新股发行制度为规避上市公司的盈余管理行为设置了一定的约束条件,但制度本身存在的漏洞仍为上市公司通过关联交易进行盈余管理提供了可乘之机。

7 结论与建议

7.1 主要结论

在我国，关联交易普遍存在于上市公司的日常经营活动中，且其交易频率和规模呈现出不断攀升的趋势。关联交易的产生，最初在于有效满足企业潜在的经济需要，降低企业的交易成本和经营风险。但另一方面，关联交易作为上市公司与关联方之间发生的转移资源或义务的事项，其主体间具有特定的利益关系，并带有极大的复杂性和隐蔽性，因此更易于被上市公司作为盈余管理的手段。由于管理层报酬契约和企业债务契约对会计盈余的依赖性，以及管理层与企业外部人员的"沟通阻滞"，管理层为了谋取私人利益，通过关联交易这一隐蔽且实用的手段进行盈余管理的动机可能更为强烈。

本书以上海证券交易所和深圳证券交易所的 A 股上市公司为样本，将上市公司发生的关联交易按照交易类型划分为 11 类，检验关联交易或者哪些类型的关联交易是上市公司盈余管理普遍采取的手段。并从盈余管理的动机出发，探讨配股、增发、ST、股改的公司特征是否对关联交易和盈余管理的关系产生影响。在此基础上，为研究在不同的盈余管理动机下，上市公司盈余管理所使用的关联交易手段所呈现的不同特征，本书进一步检验了配股公司、增发公司、ST 公司以及股权分置改革前后关联交易与盈余管理的关系，从而得出如下结论：

（1）上市公司发生的全部关联交易的规模越大，盈余管理程度越高；关联交易的各种类型中，商品购买、商品销售、接受劳务、提供资金、占用资金、提供担保、接受担保、其他支出的规模均显著提高了盈余管理程度；不仅属于线上项目的关联交易类型是上市公司盈余管理普遍采用的手段，属于线下项目的关联交易类型也对盈余管理程度产生了显著的影响。

（2）在下一年度实行配股、增发的上市公司较未配股、未增发公司更可能通过关联交易进行盈余管理；而且，如果上市公司被特别处理，其通过关联交易进行盈余管理的动机相对于未被特别处理的公司更为强烈。

（3）在不同的盈余管理动机下，上市公司使用了不同手段的关联交易以达到其不同的目的。

①实行配股和增发新股的上市公司为实现其再融资的目的，满足净资产收益率门槛，会在配股、增发前一年较异常地增加商品购买和提供劳务型关联交易，且商品购买和提供劳务在配股、增发前一年和增发当年均显著提高了上市公司的盈余管理程度。但在配股、增发后一年，配股公司的商品购买和提供劳务型关联交易提高盈余管理程度的现象不复存在。而且，商品购买和提供劳务在配股、增发前一年的异常增加值也显著提高了配股、增发前一年的盈余管理程度。

②ST公司在被ST后的盈余管理程度越大，其在下一年度被撤销ST的可能性越大。在下一年度被撤销ST的上市公司为达到其在下一年度"摘帽"的目的所进行的接受劳务、占用资金、资产重组型关联交易的规模显著提高了盈余管理程度。

③实行股权分置改革的公司为在股改前降低对价水平的盈余管理，会增加接受担保和资产重组型关联交易，且这些类型的关联交易的规模均显著提高了股改公司在股改前一年和股改当年的盈余管理程度，但在股改后一年，它们对盈余管理程度的提高作用不再显著。

综上所述，关联交易已经成为我国上市公司进行盈余管理普遍采取的手段，而且，不仅属于线上项目的关联交易类型是上市公司盈余管理普遍采用的手段，属于线下项目的关联交易类型也对盈余管理程度产生了显著的影响。对比配股公司、增发公司、ST公司和股权分置改革公司发生的关联交易与盈余管理的关系，可以发现：上市公司为实现其配股、增发的目的，满足净资产收益率的门槛，普遍采取商品购买和提供劳务这些属于线上项目的关联交易类型；对于ST的上市公司，由于我国证券交易所股票上市规则所规定的撤销ST的条件相对宽松①，为尽快达到被撤销ST的目的，ST公司为实现其盈余管理的目的，不仅采用线上项目的关联交易，而且采用众多属于线下项目的关联交易类型，如接受劳务、占用资金、资产重组；实行股权分置改革的公司为实现其盈余管理的目的，大规模增加的异常关联交易是接受担保、资产重组等这些属于线下项目的类型。

7.2 对研究结果的进一步分析

本书的研究结果表明，关联交易已经成为我国上市公司进行盈余管理普遍采取的手段，属于线上项目和线下项目的关联交易类型都对盈余管理程度产生了显著的影响。而且，在不同的盈余管理动机下，上市公司使用了不同手段的关联交易以达到其不同的目的。下面将分析上市公司通过关联交易及其各种类型进行盈余管理的方法，并进一步探讨其原因。

7.2.1 上市公司通过关联交易进行盈余管理的方法

在关联方商品购销和劳务往来的过程中，上市公司如果想实现其盈余管理的目的，可能通过以下手段：

（1）虚构交易。上市公司与关联方进行商品购销和劳务往来，可能并非企业的正常经营活动过程所必需，而是专为盈余管理设计的。由于企业虚构利润的需要，上市公司可以通过钻法律漏洞、设计一项商品购销或劳务往来的业务，通过这项业务产生利润。但对于上市公司的外部人员，这种虚构较难获知，一方面，由于其交易主体之间的关联性，使交易带有极大的复杂性和隐蔽性；另一方面，信息的不对称使外界很难获得交易的真正目的和过程。更严重者，上市公司可能早在设计集团

---

① 我国《上海证券交易所股票上市规则（2008年修订）》和《深圳证券交易所股票上市规则（2008年修订）》规定ST公司撤销ST特别处理的条件是：（1）主营业务正常运营；（2）年报扣除非经常性损益后的净利润为正值；（3）年报被注册会计师出具的不是"无法表示意见"或"否定意见"；（4）不存在影响公司经营和发展的重大事项。

组织框架、集团内部业务划分、集团各企业的业务关系时，就已为日后通过关联交易进行盈余管理留下可乘之机，这就使关联交易更具隐蔽性。如在曝光的"安然事件"中，安然公司就是通过与"特定目的公司"进行系列令人眼花缭乱的关联交易来虚增营业额和操纵利润，将不盈利的部分留在了表外。

（2）交易价格的公允性。按照会计准则和商业法则，关联方之间的交易应按市场运作规则定价以客观公正地反映企业的经营业绩。但具有特定利益关系的关联方可以根据其自身的需要制定交易价格；如果以高于市价的价格从上市公司购入商品或服务，以低于市价的价格向上市公司销售商品或服务，则可以达到虚增上市公司利润的目的，而上市公司的外部人员一般无法洞悉其交易价格的公允性。

（3）交易资金的递延支付。如果关联交易与正常的市场交易一样以支付货币结束且具有可持续性，则关联交易可能对盈余管理程度影响不大。但是，关联交易通常不以支付货币结束甚至无限期递延，其产生的盈余不具有可持续性，可能只是为了误导投资者或其他利益相关者借以达成盈余管理的目的。如中国第一个因无法披露定期报告而遭退市的上市公司达尔曼（400037），其采购、生产、销售基本都是在一种虚拟的状态下进行的，达尔曼在1997~2000年通过与大股东翠宝集团及其下属子公司之间的关联交易虚构业绩，仅2000年一年向翠宝集团的关联销售就占到了当年销售总额的42.4%；2001年由于关联交易受阻，公司开始向其他公司借用账户，通过自有资金的转入转出，假做租金或其他收入及相关费用，虚构经营业绩；2002~2003年，公司开始利用自行设立的大批"壳公司"进行自我交易，达到虚增业绩的目的[①]。

在资金占用和担保抵押过程中，可以通过收取资金占用或担保抵押费实现盈余管理目的。关联方在占用上市公司资金的同时，往往利用支付资金占用费向上市公司输送账面利润，以达到其盈余管理的目的。如ST猴王1997年净利润为5 531.42万元，而其中向母公司猴王集团收取的资金占用费竟达4 412万元；截至2000年6月30日，猴王集团占有猴王股份的资金也达到5.90亿元，其中应收账款4 029万元，其他应收

---

① 资料来源：http：//cfo.icxo.com/htmlnews/2009/01/22/1354535_1.htm。

账款 5.50 亿元，占猴王股份总资产的 68.12%。正是通过与关联方之间肆无忌惮的关联交易，ST 猴王编制了大量的虚假利润和虚假资产，最终于 2001 年 3 月被实施特别处理，2005 年 9 月 21 日退市。①

7.2.2 上市公司通过关联交易进行盈余管理的原因

关联交易的产生，最初在于有效满足企业潜在的经济需要，降低企业的交易成本和经营风险。但是，现阶段，关联交易却普遍作为上市公司进行盈余管理的隐蔽手段。下面从监管制度层面和公司内部治理层面分析这一结果的原因。

(1) 关联交易信息披露的不完善，为上市公司借以作为盈余管理的手段提供了可乘之机。

为了规范关联交易行为，2001 年 12 月我国财政部专门针对关联方交易出台了《关联方之间出售资产等有关会计处理问题暂行规定》，对关联方交易产生差价的会计处理作出了严格限制。2006 年 2 月，财政部又将 1997 年 5 月 22 日颁布的《企业会计准则——关联方关系及其交易的披露》的内容进行更改，其名称简化为《企业会计准则第 36 号——关联方披露》（以下简称《关联方披露》），新准则扩大了关联方的外延，重新明确了企业必须披露的交易要素等。《深圳证券交易所股票上市规则（2008 年修订）》和《上海证券交易所股票上市规则（2008 年修订）》（以下简称股票上市规则）中，也对关联交易的披露有着详尽的规定。但是，对于关联交易的监管，相关准则仍存在一定的漏洞。

①在关联交易价格公允性方面，现有规定仅是原则性地规定了如何披露公平交易，对于交易价格公允性的判断和披露的强制性方面未作详尽的规定。如《关联方披露》仅要求公司在附注中披露关联交易的定价政策。股票上市规则虽然要求上市公司披露包括成交价格与交易标的账面值、评估值以及明确、公允的市场价格之间的关系等在内的定价政策和定价依据，但是，对于交易价格的合理性判断仍未作出相关强制性的规定。因此，上市公司对相关规定不执行、执行不充分和不及时的现

---

① 资料来源：http://vip.chinalawinfo.com/newlaw2002。

象普遍存在。

②忽视了关联交易对财务状况影响的披露。关联交易对企业的最大影响在于关联交易对企业的当期和后续损益会产生什么样的影响。但是，无论是《关联方披露》还是股票上市规则，都未将这一因素纳入必须披露的范围。

③未强制披露上市公司发生的所有关联交易行为。《关联方披露》规定，企业财务报表中应当披露所有关联方关系及其交易的相关信息。但是，股票上市规则规定，上市公司只需披露重大关联交易行为：上市公司与关联自然人发生的交易金额在 30 万元人民币以上的关联交易，以及上市公司与关联法人发生的交易金额在 300 万元人民币以上、且占上市公司最近一期经审计净资产绝对值 0.5% 以上的关联交易。股票上市规则的规定就为上市公司通过关联交易进行盈余管理提供了可乘之机，上市公司可能通过多次发生小规模又无须披露的关联交易来达到其盈余管理的目的。

④未强制要求关联交易的即时披露。股票上市规则规定，上市公司对于重大关联交易的即时披露义务期间仅限于"交易谈判期间"，而未对交易履行状况的即时披露作出规定。

（2）监管政策对会计盈余信息的过度依赖，是上市公司利用关联交易进行盈余管理的直接诱因。

虽然随着我国股票市场的发展，规范化和法制化的程度有了大幅提升，上市公司的监管政策也日趋完善。但是，由于上市公司公开披露的会计盈余信息仍然是目前这些监管政策的一个硬性考核指标，使得上市公司在发行上市、取得再融资资格或逃避监管政策的处罚时，在无法通过改善自身的生产经营状况提高盈利水平的情况下，会设法利用盈余管理来达到其目的。因此，在我国上市公司盈余管理的动机中，迎合政府监管的动机是最为重要的。

股票上市规则规定：当一家上市公司连续亏损两年后，对公司股票交易实行特别处理；出现连续三年亏损等情况，其股票将暂停上市；如果在法律规定或许可的宽限期仍然不能扭亏为盈或发生实质性改变，其后果就是被摘牌。中国证监会 2001 年出台的《上市公司新股发行管理办法》和 2002 年颁布的《中国证券监督管理委员会关于做好上市公司新股发行工作的通知》对上市公司配股和增发新股作出规定，也要求上市公司在会计盈余方面满足"最近3个会计年度加权平均净资产收益率平均不低于6%"。上述规定都直接导致了上市公司不惜一切手段对公司的会计盈余进行操纵。

本书研究结果也发现，相关法规在会计盈余上的规定使上市公司盈余管理采取的关联交易手段呈现出不同的特征。如在申请配股和增发新股方面，《上市公司新股发行管理办法》和《关于上市公司增发新股有关条件的通知》不仅规定公司最近3个会计年度加权平均净资产收益率平均不低于6%，而且指出，上市公司的加权平均净资产收益率应以扣除非经常性损益后的净利润与扣除前的净利润两者中较低者为准。这就代表，上市公司为达到其配股和增发目的，即使通过线下项目的盈余管理产生巨大的利润，这些利润都会因为需要"扣除非经常性损益后的净利润"而对净资产的门槛毫无贡献。虽然线下项目的关联交易类型相对于线上项目更易于操纵和更具隐蔽性，但是，配股公司和增发公司在使用关联交易进行盈余管理时更倾向于冒险采用线上项目的手段。也就是说，相关法规虽然在规避上市公司盈余管理方面作出规定，也在一定程度上有效遏制了盈余管理的手段，但对会计盈余信息的依赖仍促使上市公司想方设法地进行盈余管理。

(3) 公司内部治理机制的不完善，加剧了上市公司通过关联交易进行盈余管理的非公允性行为。

公司治理（Corporate Governance）是指公司管理层、董事会、股东和其他利益相关人之间的一整套关系（OECD, 1999），或者说是通过处理股东、贷款人、管理人员、职工等不同利益相关者之间的关系，实现经济目标的一整套制度安排（青木昌彦和钱颖一，1995）。而盈余管理是不同利益相关者之间利益冲突的产物，因此，公司治理结构必然会对公司的盈余管理行为产生影响。在公司治理水平高的上市公司，盈余管理行为受到有效的监督；而公司治理水平低的公司则为盈余管理提供了环境和机会，低水平的公司治理是产生盈余管理的催化剂（Dechow等，1996）。Davidson 等（2005）、高雷和张杰（2009）的研究也发现，完善的内部公司治理结构能有效地抑制上市公司的盈余管理。

根据我国股票上市规则的规定，我国上市公司的关联交易须在获得股东大会批准后实施，而且，股东大会表决时，关联股东不得参与。可以看出，在关联交易的表决中，股东和股东大会扮演着重要的角色。但是，我国上市公司的股权集中度过高，中小股东没有能力也没有合适方式对公司行为实施有效的监控，从而不能对上市公司通过关联交易进行盈余管理的行为形成有效的约束。另外，我国上市公司外部投资者尤其是机构投资者规模过小。相对于中小投资者，机构投资者拥有专业知识团队，其有动机、有资源并且有能力监管、约束并且影响公司的管理层，通过"用手投票"的方法保护自己的利益，而且机构投资者的参股能有效缓解股权过于集中和流通股过分分散的现象。Chung 等（2002）对美国上市公司的研究发现，持有较多股份的机构投资者可以抑制管理层出于自利动机的盈余管理行为，Rajgopal 等（1999）也发现了与此相一致的证据。但我国机构投资者的小规模与不成熟，使其较难对上市公司的非公允性行为进行有效监督。

　　按照股票上市规则，公司董事会必须对关联交易事项进行审议，关联董事应当回避表决，而且，独立董事需要出具认可该交易的书面文件和意见。但是，一方面，我国上市公司的董事会大多由大股东操纵，没有健全独立的董事会来保证公司的正常运作，便失去了对管理层的监督约束；另一方面，在国有股处于绝对控股地位的上市公司，公司的董事会、监事会成员和管理层大多由政府部门或国有大股东直接任命或委派，上市公司甚至存在董事会与管理层的高度重合，从而导致公司治理结构中内部相互制衡机制的失效。在这种情况下，经理人员拥有了很大的自主权，出于自身利益的考虑，盈余管理行为很难避免。此外，我国上市公司的独立董事由于其选聘机制的缺陷，普遍存在着独立董事事实上并不独立、任职水平较低等现象。独立董事的功能失效，可能会使上市公司利用关联交易进行盈余管理的现象更加严重。

　　我国上市公司管理层薪酬激励机制的不完善也加剧了上市公司盈余管理的行为。根据契约理论，由于会计盈余信息是管理层报酬契约制定和执行的一个重要依据，管理层为谋取个人的私利，会通过管理会计盈余数字来影响利益分配。王克敏和王志超（2007）的研究发现，股权激励的方式可以有效弥补以会计利润为基础的报酬契约所带来的不足，从而在一定程度上抑制了管理层出于增加个人报酬而损害上市公司的盈余管理行为。但是，现阶段，我国上市公司管理层薪酬结构形式单一，多以现金激励为主，这就使得存在报酬契约的公司管理层更有可能选择关联交易行为进行盈余管理以提高其现金报酬。另一方面，由于我国上市公司对管理层股权激励的不足和激励方式的单一，股权激励也不能更好地在抑制管理层盈余管理方面发挥有效作用。

7.3 政策建议

（1）对具有不同盈余管理动机的上市公司，监管层监督关联交易和盈余管理的重点应有所不同。

本书研究发现，出于不同的盈余管理动机，上市公司使用关联交易的类型是不同的。由于证监会对上市公司配股融资的规定，配股和增发公司更倾向于使用线上项目的关联交易类型进行盈余管理。因此，对于申请配股和增发的上市公司，证监会应重点监测其关联方商品和劳务的购买、销售等关联交易类型。

而鉴于 ST 公司可能不择手段，高频率、大规模地使用大量的关联交易进行盈余管理，以尽快摆脱其 ST 的"帽子"，监管层应重点监督 ST 公司在被特别处理期间发生的关联方接受劳务、占用资金、资产重组等关联交易类型，甚至限制 ST 公司的关联交易行为。此外，本书认为，正是由于监管层对于 ST 公司"摘帽"条件的政策过于宽松，才导致了 ST 公司不择手段地使用关联交易进行盈余管理的行为。因此，建议调高 ST 公司"摘帽"的条件，不仅应要求"摘帽"公司最近一个会计年度每股净利润扣除非经常性损益后为正值，而且应将这一条件的年限调高至最近两个或三个会计年度，并重新将每股净资产高于面值且为正数的条件纳入其中，以抑制 ST 公司为"摘帽"所进行的盈余管理行为。

（2）完善有关关联交易的相关准则，提高其披露的公允性和透明度。

①完善对关联交易价格公允性的相关规定，应将交易对象、交易数量和交易价格作为判断其公允性的基础；规定上市公司披露其交易价格所选用的方法及依据，如果确认交易价格与实际交易价格存在差异，企

业应说明实际交易价格的合理性,并解释其差异对当期损益的影响;同时,必须强制披露交易的实际金额和交易的结算比例。

② 注重关联交易对财务状况影响的披露,应强制上市公司披露由于某笔关联交易的发生,企业的当期和后续损益有何变化,这有助于提高投资者对关联交易动机的判断力;对于对财务状况影响重大的关联交易,应详尽披露该笔交易的动机和合理性(尤其是交易价格的确定方法和公允性方面)。

③强制披露上市公司发生的所有关联交易行为,并加强关联交易的即时披露。股票上市准则的规定应要求上市公司披露所有发生的关联交易,而不论其交易金额和规模的大小。同时完善即时披露关联交易履行状况的规定,强制要求上市公司不仅在年度报告,而且在季度报告中披露关联交易的详情和进展。

(3) 完善以会计盈余信息为基准的监管政策。

现有监管政策对会计盈余信息的过度依赖,是上市公司利用关联交易进行盈余管理的直接诱因。因此,为遏制上市公司使用关联交易进行盈余管理的行为,证券监管部门须改变在监管政策中过分依赖会计盈余信息的局面,对于上市公司配股和增发新股的门槛设立,不应只考虑公司过去的会计盈余,还应重点考虑投资项目的可行性和上市公司的后续发展能力。对于切实可行的投资项目,即使上市公司过去的经营业绩不理想,也应考虑给予上市公司配股和增发新股的机会,避免上市公司为了达到会计盈余的硬性要求而刻意进行盈余管理的行为。对于特别处理、暂停上市和终止上市,不仅要考虑亏损年限,更要考虑亏损的程度和性质,并应综合考察公司的收现能力、偿债能力、持续经营能力等,建立多参数的监管政策体系,增加上市公司通过关联交易进行盈余管理的难度。

(4) 完善上市公司的内部治理机制,以抑制上市公司通过关联交易进行盈余管理的行为。

股权分置改革的进行基本消除了非流通股和流通股的流动性差异,中国股市半封闭状态逐步开放,股市应有功能逐渐得到恢复[①]。在此基

---

① 资料来源:《我国股权分置改革接近尾声、正面效应逐渐显现》,新华网,2006-07-03。

础上，监管层应进一步培育机构投资者，并鼓励上市公司引进更多专业的战略投资者，使机构投资者和战略投资者凭借专业知识和管理经验，通过"用手投票"的方法保护自己的利益，以为上市公司的非公允性行为形成有效遏制。并应完善上市公司股东大会的相关规定，鼓励中小股东参与股东大会。

完善独立董事制度和监事会制度，发挥其在监督关联交易公允性上的积极作用。通过降低董事会中执行董事的比例，并相应增加独立董事的比例，建立独立董事的激励机制与约束机制，扩大中小投资者在监事会中的比例，引入外部监事制度等，使独立董事和监事会在保证关联交易特别是关联交易定价决策的公允性上发挥实质性的监督作用。

进一步优化上市公司对管理层的薪酬激励机制，尤其是优化对管理层的股权激励方式。相比简单增加管理层的持股比例，更重要的是应进一步完善股权激励的技术设计。在股权的授予数量上，并不只局限于设定固定的界限，而应该以公司的长远发展为基础，通过综合考虑岗位贡献度、个人能力和个人业绩等因素确定授予数量；在行权条件和公司业绩考核方面，对业绩指标不仅与本企业的往年业绩对比，而且可以与同行业对标企业进行横向对比；充分考虑激励的长期有效性，采取分多次实施方式，从而使激励对象更加注重公司的长远发展。

7.4　研究不足及研究展望

（1）研究不足。

本书研究的不足之处在于：

①上市公司关联交易的动机是多样的，如掏空、支持等。本书由于研究主题的限制，只研究了关联交易的盈余管理动机，而未探讨其掏空与支持动机或者将其中两者结合起来分析。本书对不同盈余管理动机下关联交易与盈余管理的研究发现，在上市公司配股、增发和股改的后一年，关联交易对盈余管理程度的影响不再像前一年和当年一样显著，对于后一年的关联交易的动机，鉴于本书研究主题所限，本书没有进行深入的探讨。

②本书依照《企业会计准则第36号——关联方披露》对关联交易

类型的分类划分关联交易，但鉴于样本的局限性和各类型关联交易的复杂性，本书未考察关联方的类型，因此无法了解关联方的不同对关联交易和盈余管理的影响。而且，在本书划分的关联交易类型中，有些类型如资产重组型关联交易仍有待进一步细分。

③盈余管理的度量方面，本书使用了以应计利润法计算的操纵性应计利润和经行业调整的非经常性损益。应计利润法尚存在一些缺陷，其依赖于一些主观的假设，但这些假设并不一定适合所有的样本公司，如截面回归模型假设同行业的样本公司具有相同的经营周期，且假设影响操纵性应计利润的因素也仅限定为销售和固定资产折旧等方面。

（2）研究展望。

关联交易作为市场交易形式的一种，对上市公司的影响却是极其重大的。随着证券市场的变化发展，关联交易也日趋复杂和隐蔽。对关联交易的研究有待在以下几个方面进行更加深入的探讨：

①将关联交易的不同动机结合起来研究，如研究特定事件下关联交易可能同时呈现出的盈余管理和掏空动机，探讨不同动机下，关联交易所呈现的不同特征。

②在样本量足够的情况下，对关联交易种类的划分，不仅考虑其交易类型，而且与关联方结合起来研究，将不同类型的关联交易再按照关联方的不同进一步细分，考察不同关联方和不同交易类型下关联交易的行为特征。

④随着盈余管理度量方法的不断演化，使用更加成熟的盈余管理度量方法探讨关联交易与盈余管理的关系。

参 考 文 献

［1］陈明、尉桂华、周卉：《有关股权分置对价确定方法的讨论》，载《大连理工大学学报（社会科学版）》，2005（3）。

［2］陈晓、戴翠玉：《A股亏损公司的盈余管理行为与手段研究》，载《中国会计评论》，2004（2）。

［3］陈晓、王琨：《关联交易、公司治理与国有股改革——来自我国资本市场的实证证据》，载《经济研究》，2005（4）。

［4］陈小悦、肖星、过晓艳：《配股权与上市公司利润操纵》，载《经济研究》，2000（1）。

［5］邓舸：《上市公司对外担保存在的问题与风险防范》，载《证券市场导报》，2004（12）。

［6］杜金岷、高洁：《经理股票期权激励的最优设计研究——基于博弈论的模型》，载《云南财经大学学报》，2009（5）。

［7］高雷、宋顺林：《治理环境、治理结构与代理成本——来自国有上市公司面板数据的经验证据》，载《经济评论》，2007（3）。

［8］高雷、宋顺林、薛云奎：《关联交易、企业价值与公司特征》，汕头大学会议论文，2006。

［9］高雷、宋顺林：《关联交易、线下项目与盈余管理——来自中国上市公司的经验证据》，载《中国会计评论》，2008（3）。

［10］高雷、张杰：《公司治理、机构投资者与盈余管理》，载《会计研究》，2008（9）。

［11］古扎拉蒂：《计量经济学（第三版）》，北京，中国人民大学出版社，2002。

［12］何问陶、倪全宏：《中国上市公司MBO前一年盈余管理实证研究》，载《会计研究》，2005（6）。

［13］洪剑峭、方军雄：《关联交易和会计盈余的价值相关性》，载《中国会计评论》，2005（6）。

［14］胡玮瑛、徐志翰、胡新华：《微利上市公司盈余管理的统计分析》，载《复旦学报》，2007（10）。

［15］黄本尧：《上市公司关联交易监管问题研究》，载《深圳证券交易所研究报告》，深证综研字第0073号，2003。

［16］黄世忠：《上市公司会计信息质量面临的挑战与思考》，载《会计研究》，2001（10）。

［17］洪剑峭、陈朝晖：《中国股市IPO效应实证研究》，载《中国会计与财务研究》，2002（1）。

［18］简立君：《我国上市公司盈余管理手段》，载《财会研究》，2003（1）。

［19］蒋义宏、魏刚：《ROE是否已被操纵——关于上市公司净资产收益率的实证研究》，载《中国证券报》，1998-05-28。

［20］蒋义宏：《会计信息失真的现状、成因与对策——上市公司利润操纵实证研究》，北京，中国财政经济出版社，2002。

［21］雷光勇、刘慧龙：《大股东控制、融资规模与盈余操纵程度》，载《管理世界》，2006（1）。

［22］雷光勇、刘慧龙：《控股股东性质、利益输送与盈余管理幅度——来自中国A股公司首次亏损年度的经验证据》，载《中国工业经济》，2007（8）。

［23］李爽、吴溪：《后天勤时代的中国证券审计市场》，载《会计研究》，2005（6）。

［24］李维安、王新汉、王威：《盈余管理对审计意见的影响》，载《财经论丛》，2005（1）。

［25］李小平、岳亮、李宝新：《盈余操纵与企业融资工具选择——基于中国A股上市公司的实证研究》，载《系统工程》，2007（8）。

［26］李增泉、孙铮、王志伟：《"掏空"与所有权安排——来自我国上市公司大股东资金占用的经验证据》，载《会计研究》，2004（12）。

[27] 李志文、宋衍衡：《影响中国上市公司配股决策的影响因素》，载《经济科学》，2003（3）。

[28] 廖理、许艳：《中国投资者对不同手段的盈余管理行为的识别》，载《清华大学学报（自然科学版）》，2005（5）。

[29] 林钟高、徐正刚：《公司治理结构下的盈余管理》，载《财经科学》，2002（4）。

[30] 陆建桥：《中国亏损上市公司盈余管理实证研究》，载《会计研究》，1999（9）。

[31] 宁亚平：《盈余管理的定义及其意义研究》，载《会计研究》，2004（9）。

[32] 宁亚平：《盈余管理本质探析》，载《会计研究》，2005（6）。

[33] 青木昌彦、钱颖一：《转轨经济中的公司治理结构》，北京，中国经济出版社，1995。

[34] 沈玉清、戚务君、曾勇：《审计任期、公司治理与盈余质量》，载《审计研究》，2009（2）。

[35] 秦茜、陈晓、陈垠：《上市公司关联购销交易实证研究》，载《福建论坛》，2003（6）。

[36] 邵军、边泓：《A股亏损公司利用线下项目进行盈余管理的实证研究》，载《统计与决策》，2005（3）。

[37] 上海证券交易所：《上海证券交易所股票上市规则（2008年修订）》，上海证券交易所网站，http：//www.sse.com.cn。

[38] 深圳证券交易所：《深圳证券交易所股票上市规则（2008年修订）》，深圳证券交易所网站，http：//www.szse.cn。

[39] 申慧慧、黄张凯、吴联生：《股权分置改革的盈余质量效应》，载《会计研究》，2009（8）。

[40] 沈玉清：《审计任期公司治理与盈余质量》，电子科技大学博士论文，2009。

[41] 孙铮、王跃堂：《资源配置与盈余操纵之实证分析》，载《财经研究》，1999（4）。

[42] 佟岩、程小可：《关联交易利益流向与中国上市公司盈余质

量》，载《管理世界》，2007（11）。

［43］佟岩、王化成：《关联交易、控制权收益与盈余质量》，载《会计研究》，2007（4）。

［44］王力军：《金字塔控制、关联交易与公司价值——基于我国民营上市公司的实证研究》，载《证券市场导报》，2006（2）。

［45］王建新：《公司治理结构、盈余管理动机与长期资产减值转回——来自我国上市公司的经验证据》，载《会计研究》，2007（5）。

［46］王克敏、王志超：《高管控制权、报酬与盈余管理——基于中国上市公司的实证研究》，载《管理世界》，2007（7）。

［47］王艳艳、陈汉文：《审计质量与会计信息透明度——来自中国上市公司的经验数据》，载《会计研究》，2006（4）。

［48］王咏梅、杨阳：《股权分置改革、资产减值准备与盈余管理》，载《财经问题研究》，2007（10）。

［49］魏明海、谭劲松、林舒：《盈利管理研究》，北京，中国财政经济出版社，2000。

［50］魏涛、陆正飞、单宏伟：《非经常性损益盈余管理的动机、手段和作用研究——来自中国上市公司的经验证据》，载《管理世界》，2007（1）。

［51］吴联生、王亚平：《盈余管理程度的估计模型与经验证据：一个综述》，载《经济研究》，2007（8）。

［52］吴晓求：《股权分置改革后的中国资本市场》，北京，中国人民大学出版社，2006。

［53］夏立军：《国外盈余管理计量方法述评》，载《外国经济与管理》，2002（10）。

［54］叶康涛、陆正飞：《关联交易、会计信息有用性与内部代理成本》，香港中文大学2006年中国研究会议论文。

［55］叶银华、苏裕惠、柯承恩、李德冠：《公司治理机制对于关联交易的影响》，载《证券市场发展季刊（台湾）》，2003（4）。

［56］于明涛、王春雷：《管理层收购中的盈余管理剖析》，载《财会月刊（理论）》，2006（1）。

［57］张爱民、常佩佩：《中国A股上市公司股权分置改革前后盈

余管理实证研究》，载《上海立信会计学院学报》，2007（2）。

[58] 张祥建、徐晋：《盈余管理的原因、动机及测度方法前沿研究综述》，载《南开经济研究》，2006（6）。

[59] 张祥建、徐晋：《投资者是否被上市公司的盈余管理行为所误导？———来自配股融资的证据》，载《南方经济》，2006（8）。

[60] 张祥建、郭岚：《大股东控制下的股权再融资与盈余操纵研究》，载《数量经济技术经济研究》，2005（3）。

[61] 张永国：《管理者收购盈余管理研究初探》，载《经济经纬》，2004（2）。

[62] 赵春光：《资产减值与盈余管理》，载《会计研究》，2006（3）。

[63] 郑国坚：《基于效率观和掏空观的关联交易与盈余质量关系研究》，载《会计研究》，2009（10）。

[64] 郑金国、刘波、吴成华：《股权分置改革中的盈余管理研究》，载《财经问题研究》，2009（11）。

[65] 郑建明、范黎波、朱媚：《关联担保、隧道效应与公司价值》，载《中国工业经济》，2007（5）。

[66] 中国证券监督管理委员会：《关于在上市公司建立独立董事制度的指导意见》，2001。

[67] 中国证券监督管理委员会：《关于上市公司增发新股有关条件的通知》，2002。

[68] 中国证券监督管理委员会：《关于上市公司股权分置改革试点有关工作的通知》，2005。

[69] 中国证券监督管理委员会：《上市公司治理准则》，中国证券监督管理委员会网站，http：//www.csrc.gov.cn。

[70] 中国证券监督管理委员会：《上市公司新股发行管理办法》，2001。

[71] 中国证券监督管理委员会与国资委：《关于规范上市公司与关联方资金往来及上市公司对外担保若干问题的通知》，中国证券监督管理委员会网站，http：//www.csrc.gov.cn。

[72] 中华人民共和国财政部：《企业会计准则2001》，北京，经济

科学出版社，2001。

[73] 中华人民共和国财政部：《关联方之间出售资产等有关会计处理的暂行规定》，2001。

[74] 朱国民、张人骥、赵春光：《关联交易与公司价值——基于我国证券市场的实证证据》，载《上海立信会计学院学报》，2005 (11)。

[75] Ahamed, A. S., G. J. Lobo and Z. H. "Zhang, 2000, Do Analyst Under - React to Bad News and Over - React to Good News", *Working Paper*, Syracuse University and University of Chicago.

[76] Aharony J., C. Lin, and M. Loeb, 1993, "Initial Public Offerings, Accounting Choices and Earnings Management", *Contemporary Accounting Research* 10: 61 - 81.

[77] Aharony, J., J. C. Lee and T. J. Wong, 2000, "Financial Packaging of IPO Firms in China", *Journal of Accounting Research* 21: 110 - 165.

[78] Aharony J., J. Wang, and H. Yuan, 2005, "Related Party Transactions: A 'Real' Means of Earnings Management and Tunneling During the IPO Process in China", *Singapore Management University Working Paper*.

[79] Ang, J. S., R. A. Cole, and J. W. Lin, 2000, "Agency Costs and Ownership Structure", *Journal of Finance* 55: 81 - 106.

[80] Bartov, E., 1993, " The Timing of Assets Sales and Earnings Manipulation", *The Accounting Review* 68: 840 - 855.

[81] Bartov, E., F. A. Gul, and T. S. Tsui, 2000, "Discretionary Accruals Models and Audit Qualifications", *Journal of Accounting and Economics* 30: 421 - 452.

[82] Bauman, C. C., M. P. Bauman, and R. F. Halsey, 2000, "Do Firms Use the Deferred Tax Asset Valuation Allowance to Manage Earnings", *Working Paper*, University of Wisconsin Milwaukee and Barson College.

[83] Beasley, M. S., 1996, "An Empirical Analysis of the Relation between the Board of Director Composition and Financial Statement Fraud", *The Accounting Review* 71: 443 - 465.

[84] Beatty, R. and J. Ritter, 1986, "Investment Banking, Reputation and the Underpricing of Initial Public Offerings", *Journal of Financial Economics* 15: 213 – 232.

[85] Beatty, A., S. Chamberlain, J. Magliolo, 1995, "Managing Financial Reports of Commercial Bank: the Influence of Taxes, Regulatory Capital and Earnings", *Journal of Accounting Research* 33: 195 – 212.

[86] Beaver, W., and M. McNichols, 1998, "The Characteristics and Valuation of Loss Reserves of Property Casualty Insurers", *Review of Accounting Studies* 3: 73 – 95.

[87] Becker, C. L., M. L. DeFond, J. Jiambalvo, and K. R. Subramanyam, 1998, "The Effect of Audit Quality on Earnings Management", *Contemporary Accounting Research* 15: 1 – 24.

[88] Behn, K. B., T. V. Eaton, and J. R. Williams, 1998, "The Determinants of the Deterred Tax Allowance Account Under SFAS No. 109", *Accounting Horizons* 5: 63 – 78.

[89] Benkel, M., P. Mather, and A. Ramsay, 2006, "The Association between Corporation Governance and Earnings Management: the Role of Independent Directors", *Corporate Ownership & Control* 4: 65 – 75.

[90] Beneish, M. D., 1999, "Incentives and Penalties Related to Earnings Overstatements That Violate GAAP", *The Accounting Review* 4: 425 – 457.

[91] Benston, G., 1985, "The Self – Serving Management Hypothesis: Some Evidence", *Journal of Accounting and Economics* 18: 275 – 286.

[92] Berle, A. and G. Means, 1932, "The Modern Corporation and Private Property", New York: Macmillan.

[93] Bergstresser, D. and T. Philippon, 2006, "CEO Incentives and Earnings Management", *Journal of Financial Economics* 80: 511 – 529.

[94] Black, E., K. Sellers, and T. Manly, 1998, "Earnings Management Using Asset Sales: An International Study of Countries Allowing Noncurrent Asset Revaluation", *Journal of Business, Finance & Accounting* 25: 1287 – 1317.

[95] Bozec Y. , 2008, "Ownership Concentration, Separation of Voting Rights from Cash Flow Rights, and Earnings Management: An Empirical Study in Canada", *Canadian Journal of Administrative Sciences* 25: 1 – 15.

[96] Brown, P. , 1999, "Earnings Management: A Subtle (and Troublesome) Twist to Earnings Quality", *Journal of Financial Statement Analysis* 4: 98 – 122.

[97] Boynton, C. and P. Dobbins, 1992, "Plesko, Earnings Management and the Corporate Alternative Mininum Tax", *Journal of Accounting Research* 30: 131 – 160.

[98] Bruns, W. J. and K. A. Merchant, 1990, "The Dangerous Morality of Managing Earnings", *Management Accountin* 8: 22 – 25.

[99] Burgstahler, D. , and I. Dichev, 1998, "Incentives to Manage Earnings To Avoid Earnings Decreases and Losses: Evidence from Quarterly Earning", *Working Paper*, University of Washington.

[100] Bushee, B. J. , 1998, " The Influence of Institutional Investors on Myopic R&D Investment Behavior ", *The Accounting Review* 73: 305 – 333.

[101] Cahan, S. F. , 1992, "The Effect of Antitrust Investigations on Discretionary Accruals: A Refined Test of the Political – Cost Hypothesis", *The Accounting Review* 67: 77 – 95.

[102] Chang, S. J. and J. Hong, 2000, "Economic Performance of Group – Affiliated Companies in Korea: Intragroup Resource Sharing and Internal Business Transactions", *The Academy of Management Journal* 43: 429 – 448.

[103] Chaney. P. and C. Lewis, 1995, "Earnings Management and Firm Valuation under Asymmetric Information", *Journal of Corporate Finance* 1: 319 – 345.

[104] Chen, K. and H. Yuan, 2004, "Earnings Management and Capital Resource Allocation: Evidence from China's Accounting – based Regulation of Rights Issues", *The Accounting Review* 79: 645 – 665.

[105] Cheung, Y. L. , P. R. Rau, and A. Stouraitis, 2006, "Tunne-

ling, Propping and Expropriation: Evidence from Connected Party Transactions in Hong Kong", *Journal of Financial Economics* 82: 343 – 386.

[106] Chtourou, S., Be'dard, J. and L. Courteau, 2001, "Corporate Governance and Earnings Management", *Working Paper*, University Laval, Canada.

[107] Chung, R., M. Firth, and J. Kim, 2002, "Institutional Monitoring and Opportunistic Earnings Management", *Journal of Corporate Finance* 8: 29 – 48.

[108] Chung, H., And S. Kallapur, 2003, "Client Importance, Non-audit Services, and Abnormal Accruals", *The Accounting Review* 78: 931 – 955.

[109] Claessens, S., S. Djankov, J. Fan, and L. Lang, 2002, "Disentangling the Incentive and Entrenchment Effects of Large Shareholders", *Journal of Finance* 57: 2741 – 2771.

[110] Coase, R. H, 1937, "The Firm, the Market and the Law", Chicago: University of Chicago Press.

[111] Collins, D. W., S. P. Kothari, J. Shanken, and R. Sloan, 1994, "Lack of Timeliness and Noise as Explanations for the Low Contemporaneous Return – Earnings Association", *Journal of Accounting and Economics* 18: 289 – 324.

[112] Collins, D. W., S. P. Kothari, and J. D. Rayburn, 1987, "Firm Size and the Information Content of Prices with Respect to Earnings", *Journal of Accounting and Economics* 9: 111 – 138.

[113] Collins, D. W., E. L. Maydew, and I. S. Weissm, 1997, "Changes in the Value Relevance of Earnings and Book Values over Past Forty Years", *Journal of Accounting Economics* 24: 39 – 67.

[114] Collins, J., D. Shackford, and J. Wahlen, 1995, "Bank Differences in the Coordination of Regulatory Capital, Earnings and Taxes", *Journal of Accounting Research* 33: 263 – 291.

[115] Comiskey, E. A. and C. W. Mulford, 1994, "Evaluating Deferred – Tax Assets: Some Guidance for Lenders", *Commercial Lending Review*

9: 12 – 25.

[116] Cook, K. S, 1977, "Exchange and Power in Networks of Interorganizational Relations", *The Sociological Quarterly* 18: 62 – 82.

[117] Cornett, M. M. , A. Marcus and H. Tehranian, 2007, "Corporate Governance and Pay – for – performance: the Impact of Earnings Management", *Journal of Financial Economics* 9: 371 – 406.

[118] Daley, L. A. , and R. L. Vigeland, 1983, "The Effect of Debt Covenants and Political Cost on the Choice of Accounting Methods: The Case of Accounting for R&D Costs", *Journal of Accounting&Economics* 12: 195 – 211.

[119] Davidson, R. , J. Goodwin – Stewart, and P. Kent, 2005, "Internal Governance Structures and Earnings Management", *Accounting and Finance* 45: 241 – 267.

[120] DeAngelo, L. E. , 1981, "Auditor Size and Auditor Quality", *Journal of Accounting and Economics* 1: 183 – 199.

[121] DeAngelo, L. , 1986, "Accounting Numbers as Market Valuation Substitutes: A Study of Management Buyouts of Public Stockholders", *Accounting Review* 61: 400 – 420.

[122] DeAngelo, L. E. , 1988, "Managerial Competition, Information Costs, and Corporate Governance: The Use of Accounting Performance Measures in Proxy Contests", *Journal of Accounting and Economics* 1: 3 – 36.

[123] DeAngelo, E. , H. DeAnglo, and D. Skinner, 1994, "Accounting Choices of Troubled Company", *Journal of Accounting&Economics* 17: 113 – 143.

[124] Dechow, P. M. and R. G. Sloan, 1991, "Executive Incentives and The Horizon Problem", *Journal of Accounting and Economics* 14: 51 – 89.

[125] Dechow, P. M. , R. G. Sloan, and A. P. Sweeney, 1995, "Detecting Earnings Management", *The Accounting Review* 5: 193 – 225.

[126] Dechow, P. M. , R. G. Sloan, and A. P. Sweeney, 1996, "Causes and Consequences of Earnings Manipulation: an Analysis of Firms

Subject to Enforcement Actions by the SEC", *Contemporary Accounting Research* 13: 1 – 36.

[127] Dechow, P. and D. Skinner, 2000, "Earnings Management: Reconciling the Views of Accounting Academics, Practitioners, and Regulators", *Working Paper*, University of Michigan Business School.

[128] Dechow, P., and I. Dichev, 2002, " The Quality of Accruals and Earnings: The Role of Accrual Estimation Errors", *The Accounting Review* 77: 35 – 59.

[129] Denis, D. K. and J. J. McConnell, 2003, " International Corporate Governance", *Journal of Financial and Quantitative Analysis* 38: 1 – 36.

[130] DeFond, M. L. and C. W. Park, 1997, "Smoothing Income in Anticipation of Future Earnings", *Journal of Accounting and Economics* 23: 115 – 139.

[131] DeFond, M. L. and J. Jiambalvo, 1994, "Debt Covenant Violation and Manipulation of Accruals", *Journal of Accounting and Economics* 17: 145 – 176.

[132] Elitzur, R. and V. Yaari, 1995, "Executive Incentive Compensation and Earnings Manipulation in a Multi – Period Setting", *Journal of Economic Behavior and Organization* 26: 201 – 219.

[133] Erickson, M. and S. Wang, 1999, "Earnings Management by Acquiring Firms in Stock for Stock Mergers", *Journal of Accounting Economics* 27: 146 – 176.

[134] Fama, E. and M. Jensen, 1983, "Separation of Ownership and Control", *Journal of Law and Economics* 26: 301 – 325.

[135] Fan, J. and T. J. Wong, 2001, "Corporate Ownership Structure and the Informativeness of Accounting Earnings in East Asia", *Journal of Accounting and Economics* 33: 401 – 426.

[136] Fisman, R. and T. Khanna, 1998, "Facilitating Development: the Role of Business Groups", *Working Paper*, Columbia University.

[137] Frankel, R., M. Johnson, and K. Nelson, 2002, "The Rela-

tion between Auditors' Fees for Nonaudit Services and Earnings Management", *The Accounting Review* 77: 103 – 135.

[138] Friedlan, J. M., 1994, "Accounting Choice by Issuers of Initial Public Offerings", *Contemporary Accounting Research* 11: 1 – 13.

[139] Friedman, E., S. Johnson and T. Mitton, 2003, "Propping and Tunneling", *Journal of Comparative Economics* 31: 732 – 750.

[140] Fudenberg, D. and J. Tirole, 1995, "A Theory of Income and Dividend Smoothing Based on Incumbency Rents", *Journal of Political Economy* 103: 75 – 93.

[141] Goel, A. and A. Thakor, 2003, "Why do Firms Smooth Earnings?", *The Journal of Business* 76: 151 – 193.

[142] Gompers, P. A., J. L. Ishii, and A. Metrick, 2003, "Corporate Governance and Equity Prices", *Quarterly Journal of Economics* 1: 107 – 155.

[143] Gordon, E. A., E. Henry, and D. Palia, 2003, "Related Party Transactions: Associations with Corporate Governance and Firm Value", *Working Paper*, Rutgers Business School.

[144] Gordon, E. A. and E. Henry, 2005, "Related Party Transactions and Earnings Management", *Working Paper*, Rutgers Business School.

[145] Gordon, E. A., E. Henry, and D. Palia, 2003, "Related Party Transactions: Associations with Corporate Governance and Firm Value", *Rutgers Business School Working Paper*.

[146] Grossman, J. and D. Hart, 1980, "Takeover Bids, the Free – rider Problem, and the Theory of the Corporation", *Journal of Economics* 11: 42 – 64.

[147] Guidry, F., A. J. Leone, and S. Rock, 1999, "Earnings – Based Bonus Plans and Earnings Management by Business – Unit Managers", *Journal of Accounting and Economics* 26: 85 – 108.

[148] Gul, F. A., S. Leung, and B. Srinidhi, 2003, "Informative and Opportunistic Earnings Management and Value Relevance of Earnings: Some Evidence on the Role of IOS", *Working Paper*, City University of Hong

Kong.

[149] Hall, B. J. and J. B. Liebman, 1998, "Are CEOs Really Paid Like Bureaucrats?", *The Quarterly Journal of Economics* 113: 653-691.

[150] Haw, I., Q. D. Wu, D. Wu, and Y. Woody, 2005, "Market Consequences of Earnings Management in Response to Security Regulations in China", *Contemporary Accounting Research* 22: 195-144.

[151] Haw, I., B. Hu, L. Hwang and W. Woody, 2004, "Ultimate Ownership, Income Management, and Legal and Extra-Legal Institutions", *Journal of Accounting Research* 42: 423-462.

[152] Healy, P. M., 1985, "The Effect of Bonus Schemes on Accounting Decisions", *Journal of Accounting and Economics* 7: 261-279.

[153] Healy, P. M. and K. G. Palepu, 1988, "Earnings Information Conveyed by Dividend Initiations and Omissions", *Journal of Financial Economics* 21: 149-175.

[154] Healy, P. M. and J. M. Wahlen, 1999, "A Review of the Earnings Management Literature and Its Implications for Standard Setting", *Accounting Horizons* 13: 365-383.

[155] Herrmann, D., T. Inoue, and W. B. Thomas, 2003, "The Sales of Assets to Manage Earnings in Japan", *Journal of Accounting Research* 3: 89-108.

[156] Holthausen, R. W., 1981, "Evidence on the Effect of Bond Covenants and Management Compensation Contracts on the Choice of Accounting Techniques: the Case of the Depreciation Switch-Back", *Journal of Accounting and Economics* 3: 73-109.

[157] Holthausen, R. W., D. F. Larcker, and R. G. Sloan, 1995, "Annual Bonus Schemes and the Manipulation of Earnings", *Journal of Accounting and Economics* 2: 29-74.

[158] Hribar, P., and D. Nichols, 2007, "The Use of Unsigned Earnings Quality Measures in Tests of Earnings Management", *Journal of Accounting Research* 44: 1017-1053.

[159] Hsiao, C., 2003, "Analysis of Panel Data (Second Edition)",

Cambridge: Cambridge University Press.

[160] Jaggi, B. and J. Tsui, 2007, "Insider Trading, Earnings Management and Corporate Governance: Empirical Evidence Based on Hong Kong Firms", *Journal of International Financial Management and Accounting* 18: 192 – 222.

[161] Jensen, M., 1993, "The Modern Industrial Revolution, Exit, and the Failure of Internal Control Systems", *Journal of Finance* 48: 831 – 880.

[162] Jensen, M. C. and K. J. Murphy, 1990, "Performance Pay and Top Management Incentives", *Journal of Political Economy* 98: 225 – 264.

[163] Jensen, M. C. and W. H. Meckling, 1976, "Theory of the Firm: Managerial Behavior, Agency Cost and Ownership Structure", *Journal of Financial Economics* 3: 305 – 360.

[164] Jian, M. and T. J. Wong, 2006, "Propping and Tunneling through Related Party Transactions", *Hong Kong University of Science and Technology Working Paper.*

[165] Johnson, S., R. La Porta, F. Lopez – de – Silanes, and A. Shleifer, 2000, "Tunneling", *American Economic Review* 90: 22 – 27.

[166] Johnson, S., P. Boone, A. Breach, and E. Friedman, 2000, "Corporate Governance in the Asian Financial Crisis", *Journal of Financial Economics* 58: 141 – 186.

[167] Jones, J. J., 1991, "Earnings Management during Import Relief Investigations", *Journal of Accounting Research* 8: 193 – 223.

[168] Kao, L. and C. Anlin, 2004, "The Effects of Board Characteristics on Earnings Management", *Corporate Ownership and Control* 1: 96 – 107.

[169] Keating, A. S., and J. L. Zimmerman, 1999, "Depreciation Policy Changes: Tax, Eamings Management, and Investment Opportunity Incentives", *Journal of Accounting & Economics* 28: 110 – 145.

[170] Key, K. G., 1997, "Political Cost Incentives for Earning Man-

agement in the Cable Television Industry", *Journal of Accounting and Economics* 23: 309 – 337.

[171] Kevin, C., W. Chen, and H. Yuan, " Earnings Management and Capital Resource Allocation: Evidence from China's Accounting – Based Regulation of Rights Issues", *The Accounting Review* 79: 645 – 665.

[172] Khanna, T. and K. Palepu, 2000, "Is Group Affiliation Profitable in Emerging Markets? An Analysis of Diversified Indian Business Groups", *Journal of Finance* 55: 867 – 892.

[173] Klein, A., 2002, "Economic Determinants Behind Variations in Audit Committee Independence", *The Accounting Review* 77: 435 – 452.

[174] Kohlbeck, M. and B. Mayhew, 2004, " Agency Costs, Contracting, and Related Party Transactions", *Working Paper*, University of Wisconsin.

[175] La Porta, R., F. Lopez – de – Silanes, and A. Shleifer, 1999, "Corporate Ownership around The World", *Journal of Finance* 54: 157 – 471.

[176] La Porta, R., F. Lopez – de – Silanes, A. Shleifer, and R. Vishny, 2000, "Investor Protection and Corporate Governance", *Journal of Financial Economics* 58: 3 – 27.

[177] La Porta, R., F. Lopez – de – Silanes, A. Shleifer, and R. Vishny, 2002, " Investor Protection and Corporate Valuation", *Journal of Finance* 57: 1147 – 1170.

[178] Leuz, C., D. Nanda, and P. Wysocki, 2003, "Earnings Management and Investor Protection: An International Comparison", *Journal of Financial Economics* 69: 505 – 527.

[179] Liu, Q. and Z. Lu, 2007, "Corporate Governance and Earnings Management in the Chinese Listed Companies: A Tunneling Perspective", *Journal of Corporate Finance* 13: 881 – 906.

[180] Loughran, T. and J. R. Ritter, 1995, " The New Issues Puzzle", *Journal of Finance* 50: 23 – 51.

[181] Louis, T. W. and T. Y. Cheng, 2002, " Comparative Analysis

of the Market – based and Accounting – based Performance of Diversifying and non – diversifying Acquisitions in Hong Kong", *International Business Review* 13: 763 – 789.

[182] Magrath, L. and L. Weld, 2002, " Abusive Earnings Management and Early Warning Signs", *The CPA Journal* 8: 78 – 96.

[183] Main, B. G., C. A. O' Reilly, and J. Wade, 1993, "Top Executive Pay: Tournament or Team Work?", *Journal of Labor Economics* 11: 606 – 628.

[184] Marin, D., G. Aldhizer, J. Campbell, and T. Baker, 2002, "When Earnings Management Becomes Fraud", *Internal Auditing* 7: 56 – 79.

[185] Mauldin, E. G., 1999, "Systematic Differences in Employee Stock Ownership Plan Contributions: Some Evidence", *Journal of Accounting and Public Policy* 18: 141 – 163.

[186] Miller, G., and D. Skinner, 1998, "Determinants of the Valuation Allowance for Deferred Tax Assets Under SFAS No. 109", *The Accounting Review* 5: 213 – 233.

[187] OECD, 1999, " OECD Principles of Corporate Governance", Paris: OECD.

[188] Park, Y. W. and H. H. Shin, 2004, " Board Composition and Earnings Management in Canada", *Journal of Corporate Finance* 10: 431 – 457.

[189] Patten, D. M. and G. Trompeter, 2003, "Environmental Disclosure, Earnings Management, Corporate Management, Regulatory Cost", *Journal of Accounting and Public Policy* 22: 83 – 94.

[190] Peasnell, K. V., P. F. Pope, and S. Young, 1998, " Outside Directors, Board Effectiveness, and Earnings Management", *Working Paper*, Lancaster University.

[191] Peavey, D. E., and H. Nurnberg, 1993, " FASB 109: Auditing Considerations of Deferred Tax Assets", *Journal of Accountancy* 5: 77 – 81.

[192] Perry, S., and T. Williams, 1994, "Earnings Management Pre-

ceding Management Buyout Offers", *Journal of Accounting&Economics* 18: 157-179.

[193] Petree, T. R., G. J. Gregory, and R. J. Vitray, 1995, "Evaluating Deferred Tax Assets", *Journal of Accountancy* 5: 71-77.

[194] Petroni, K., 1992, "Optimistic Reporting in the Property-Casualty Insurance Industry", *Journal of Accounting & Economics* 15: 485-508.

[195] Phillips, J., M. Pincus, and S. Rego, 2003, "Earnings Management: New Evidence Based on Deferred Tax Expense", *The Accounting Review* 78: 491-521.

[196] Poitras, G., T. Wilkins, and Y. S. Kwan, 2002, "The Timing of Asset Sales: Evidence of Earnings Management?", *Journal of Business Finance & Accounting* 29: 306-686.

[197] Rajgopal, S., M. Venkatathalam, and J. Jiambalvo, 1999, "Is Institutional Ownership Associated with Earnings Management and the Extent to Which Stock Prices Reflect Future Earnings", *Working Paper*, University of Washington at Seattel.

[198] Rangan, S., 1998, "Earnings Management and the Performance of Seasoned Equity Offerings", *Journal of Financial Economics* 50: 101-122.

[199] Reynolds, J. K., and J. R. Francis, 2000, "Does Size Matter? The Influence of Large Clients on Office-Level Auditor Reporting Decisions", *Journal of Accounting and Economics* 30: 375-400.

[200] Schipper, K., 1989, "Commentary on Earnings Management", *Accounting Horizons* 3: 91-102.

[201] Shen, C. and H. L. Chih, 2007, "Earnings Management and Corporate Governance in Asia's Emerging Markets", *Corporate Governance: An International Review* 15: 999-1021.

[202] Shivakumar, L., 2000, "Do Firms Mislead Investors by Overstating Earnings before Seasoned Equity Offering?", *Journal of Accounting and Economics* 29: 339-371.

[203] Shleifer, A. and R. Vishny, 1986, "Large Shareholders and

Corporate Control", *Journal of Political Economy* 94: 461 – 488.

[204] Shleifer, A. and R. Vishny, 1997, " A Survey of Corporate Governance", *Journal of Finance* 52: 737 – 783.

[205] Spiess, K. and J. A. Graves, 1995, "Underperformance in Long – run Stock Returns Following Seasoned Equity Offerings", *Journal of Financial Economics* 38: 243 – 267.

[206] Sweedy, A. P., 1994, " Debt – covenant Violation and Managers Accounting Responses", *Journal of Accounting and Economics* 17: 281 – 308.

[207] Teoh, S. H., I. Welch, and T. J. Wong, 1998, " Earnings Management and the Long – Run Market Performance of Initial Public Offerings", *Journal of Finance* 53: 1935 – 1974.

[208] Teoh, S. H., I. Welch, and T. J. Wong, 1998, " Earnings Management and the Underperformance of Seasonal Equity Offerings", *Journal of Financial Economics* 50: 63 – 99.

[209] Vance, S. C., 1983, "Corporate Leadership: Boards, Directors, and Strategy McGraw – Hill", New York: McGraw – Hill.

[210] Visvanathan, G., 1998, "Deferred Tax Valuation Allowances and Earnings Management", *Journal of Financial Statement Analysis* 3: 6 – 15.

[211] Warner, J., J. Watts and K. Wruck, 1988, "Stock Prices and Top Management Changes", *Journal of Financial Economics* 20: 461 – 492.

[212] Warfield, T. D., J. J. Wild, and K. L. Wild, 1995, " Managerial Ownership, Accounting Choices, and Informativeness of Earnings", *Journal of Accounting and Economics* 20: 61 – 92.

[213] Watts, R. L., and J. L. Zimmerman, 1978, "Towards a Positive Theory as A Determination of Accounting Standards", *The Accounting Review* 1: 112 – 134.

[214] Watts, R. L., and J. L. Zimmerman, 1979, "The Demand for and Supply of Accounting Theories: The Market for Excuses", *The Accounting Review* 54: 273 – 305.

[215] Watts, R. L. and J. L. Zimmerman, 1986, "Positive Accounting Theory", New Jersey: Prentice Hall Publishin House.

[216] Watts, R. L. and J. L. Zimmerman, 1990, "Positive Accounting Theory: A Ten Year Perspective", *The Accounting Review* 65: 46 –61.

[217] Williamson, O. E., 1975, "Market and Hierarchies: Analysis and Anti – Trust Implication", New York: Free Press.

[218] Xie, B., W. N. Davidson, and P. J. DaDalt, 2003, "Earnings Management and Corporate Governance: the Role of the Board and the Audit Committee", *Journal of Corporate Finance* 9: 295 –316.

[219] Xie, H., 2001, "The Mispricing of Abnormal Accruals", *The Accounting Review* 76: 357 –373.

[220] Yeo, G. H. H., P. M. S. Tan, K. W. Ho, and S. Chen, 2002, "Corporate Ownership Structure and the Informativeness of Earnings", *Journal of Business Finance&Accounting* 29: 1023 –1046.

[221] Yoon. S. S. and G. Miller, 2002, "Earnings Management of Seasoned Equity Offering Firms in Korea", *The International Journal of Accounting* 37: 57 –78.

后　　记

本书是在我的博士学位论文的基础上修改而成的。

在此，首先向我的博士生导师杜金岷教授致以最崇高的敬意和最诚挚的感谢。从博士学位论文的完成到本书的出版，凝聚着杜老师大量的悉心指导和帮助。在我攻读博士学位的三年中，杜老师不仅为我在学业上指点迷津、悉心指引，还给了我许多生活上的关怀和人生的启迪。杜老师开阔敏锐的思维、严谨的治学态度、渊博的学识和博大的胸襟将使我受用终生。

感谢硕士期间的导师李庚寅教授一直以来对我学业和生活上的帮助、理解和支持。

感谢暨南大学金融系的王聪教授、刘少波教授、苏冬蔚教授、蒋海教授、田存志教授、杨星教授、李东辉副教授在本书出版上的支持和对我学业的不倦指导。

感谢三年来并肩奋斗、共同分享喜怒哀乐的2007级金融学博士班的全体同学。

最后，要特别感谢的是作为我坚强后盾的爸爸、妈妈、弟弟和男友谭加劲，正是他们对我的默默关怀、支持和鼓励使我得以顺利地完成学业、乐观快乐地前行。

高　洁
2011年4月